Brazilians Working With Americans | Brasileiros que trabalham com americanos

Brazilians Working With Americans
Brasileiros que trabalham com americanos

■ ■ ■ ■ ■ ■

CULTURAL CASE STUDIES | ESTUDOS DE CASOS CULTURAIS

Orlando R. Kelm and Mary E. Risner

UNIVERSITY OF TEXAS PRESS · AUSTIN

Requests for permission to reproduce material from
this work should be sent to:
    Permissions
    University of Texas Press
    P.O. Box 7819
    Austin, TX 78713-7819
    www.utexas.edu/utpress/about/bpermission.html

♾ The paper used in this book meets the minimum requirements
of ANSI/NISO Z39.48-1992 (R1997) (Permanence of Paper).

Library of Congress Cataloging-in-Publication Data

Kelm, Orlando R., 1957–
    Brazilians working with Americans : cultural case studies - Brasileiros que trabalham com
americanos : estudos de casos culturais / Orlando R. Kelm and Mary E. Risner.—1st ed.
      p.   cm.
    Includes bibliographical references.
    ISBN-13: 978-0-292-71473-1

    1. Americans—Employment—Brazil. 2. Business etiquette—Brazil. 3. Business
etiquette—United States. 4. Business communication—Brazil. 5. Business
communication—United States. 6. Intercultural communication—Brazil—Case studies.
7. Corporate culture—Brazil. 8. Corporate culture—United States. 9. Foreign
executives—Brazil—Case studies. I. Risner, Mary E. II. Title.
  HF5382.56.B73K45 2007
  331.6'273081—dc22

                                          2006008601

Contents | Sumário

Preface

*B*razilians Working With Americans: Cultural Case Studies is a collection of ten short case studies designed to help readers understand some of the cultural factors that come into play when North American business professionals work in Brazil. The ten cases are based on actual experiences that Brazilian executives relate about their work with North Americans. The names and the locations in the cases have been changed, but the observations and stories are real.

The format of each chapter is the same. Although the business aspects of the cases are important, the focus is the cultural part of the interactions. Thus the cases are presented without a lot of data or numbers, focusing instead on the interactions among the people involved. The story background of each case is presented and reinforced by videotaped comments from three American and three Brazilian executives, who offer their personal observations about the case. In all, there are sixty videotaped observations from seventeen executives. Since the comments represent their personal opinions, they vary in content and approach, but most importantly, they are real observations from real people about the cultural issues presented by each case. After the executive comments, readers are provided with a number of topics and questions for discussion. Finally, there is an appendix with suggested readings and glossaries of the English and Portuguese terms that are used in the cases and in the executive comments. All of the cases are independent and can be presented in any order.

The complete text of the book is provided in both English and Portuguese. The cases themselves are written in both languages, and the videotaped executive comments were recorded in the native language of the participants and translated into the other language. Thus both North American and Brazilian readers can take advantage of the cultural information in the text even if they do not completely understand the other language. Readers who already speak or are learning to speak Portuguese or English can also consider the language aspects of the cases. The sixty video clips of the executive comments are available online as QuickTime movies. Readers may view the clips using a normal Internet browser at the following URL: http://www.laits.utexas.edu/orkelm/casos/intro.html.

This book is designed, not to present a complete survey of business culture, but rather to apply those concepts to American/Brazilian situations. There are many books that deal with general and business culture; interested readers may want to consult the sources in the reference list at the end of this book.

Prefácio

*B*razilians *Working With Americans: Cultural Case Studies* é uma coleção de dez pequenos estudos de casos que foram desenhados para ajudar os leitores a entender alguns dos fatores culturais que aparecem quando profissionais americanos trabalham no ambiente de negócios brasileiro. Os dez casos são baseados em experiências verdadeiras que executivos brasileiros relatam sobre seu trabalho com norte-americanos. Os nomes e lugares foram alterados, mas os casos representam observações e estórias verdadeiras.

O formato de cada capítulo é o mesmo. Mesmo sendo importante os aspectos do negócio em cada caso, o foco desses casos resumidos é o lado cultural das interações. Dessa forma, os casos são apresentados sem muitas informações e números, focando apenas na interação entre as pessoas envolvidas. Depois de ambientalizar a estória, cada caso é reforçado por comentários vídeo-gravados de três executivos americanos e três executivos brasileiros que oferecem suas observações pessoais sobre o caso. No total, existem 60 comentários vídeo-gravados de dezessete executivos diferentes. Como os comentários representam as opiniões pessoais de cada um, eles variam em conteúdo e abordagem, mas o mais importante é que eles representam observações reais de pessoas reais sobre o que eles realmente pensam sobre as questões culturais de cada caso. Depois dos comentários dos executivos, os leitores têm acesso a alguns tópicos e questões para discussão. Finalmente, existe um apêndice com uma lista de referências e um glossário em português e em inglês de termos que foram utilizados nos casos e nos comentários dos executivos. Todos os casos são independentes dos demais e podem ser apresentados em qualquer ordem.

O texto completo do livro é apresentado em ambas as línguas, inglês e português. Os casos, em si, são também escritos em ambas as línguas e os comentários dos executivos em vídeo foram gravados na língua nativa dos participantes e traduzidos para a segunda língua. Dessa forma, leitores norte-americanos e brasileiros podem aproveitar a informação cultural no texto, mesmo não entendendo completamente a língua que lhe é estrangeira. Ao mesmo tempo, leitores que já falam ou estão aprendendo a falar inglês ou português podem aproveitar o aspecto lingüístico dos casos. Os vídeos dos comentários dos executivos são apresentados online e guardados como QuickTime Movies. Os leitores podem assistir aos vídeos através de seu navegador normal de Internet no seguinte site: http://www.laits.utexas.edu/orkelm/casos/intro.html.

Esse livro não foi desenhado para apresentar uma pesquisa completa sobre a cultura de negócios, mas sim para aplicar aqueles conceitos em situações americanas e brasileiras. Existem muitos livros que abordam cultura em geral ou a cultura de negócios. Leitores interessados podem consultar a lista de referências no final do livro.

Acknowledgments

O ur appreciation goes to a number of colleagues and friends who assisted in the development of this project. Vivian Flanzer (University
of Texas), Milton Torres (Faculdade Adventista da Bahia), Geovana
Hill, Elissandra Capps, and Paula Vieira Fava all helped to review the cases
and to assist in the Portuguese translations. Professors Antônio Barbosa Lemes
Júnior and Cláudio Miessa Rigo, both from the Federal University of Paraná,
were extremely helpful in lining up many of the initial contacts and company
visits that provided information for a number of the case studies. Prof. Fran-
cisco Vidal Barbosa (Federal University of Minas Gerais) assisted by allowing
us to present these cases to his graduate students at the Centro de Pesquisa e
Pós-Graduação em Administração (CEPEAD) and to take advantage of their
feedback and suggestions. We also thank the University of Texas Center for
International Business Education and Research (CIBER) and the University of
Florida CIBER for their support.

Agradecimentos

Nossos agradecimentos vão para um grande número de colegas e amigos que ajudaram no desenvolvimento desse projeto. Vivian Flanzer (Universidade do Texas), Milton Torres (Faculdade Adventista da Bahia), Geovana Hill, Elissandra Capps e Paula Vieira Fava ajudaram a revisar os casos e na tradução para português. Professores Antônio Barbosa Lemes Júnior e Cláudio Miessa Rigo, ambos da Universidade Federal do Paraná, foram extremamente importantes com os contatos iniciais e visitas às empresas, através das quais muitos dos casos foram escritos. Professor Francisico Vidal Barbosa (Universidade Federal de Minas Gerais) contribuiu ao permitir-nos apresentar esses casos aos seus alunos de pós-graduação no Centro de Pós-Graduação e Pesquisas em Administração (CEPEAD) e aproveitar suas sugestões e comentários. Nós também agradecemos aos Center for International Business Education and Research (CIBER) da Universidade do Texas e da Universidade da Flórida.

1. The Pressure's On

Company:	THE PRESSURE'S ON
Focus:	Manufacture of high-pressure cleaning tools
Case Objective:	Purchasing land for a plant in Brazil
Cultural Conflict:	Getting accurate information, staffing trade shows, and judging dress

Empresa:	THE PRESSURE'S ON
Ênfase:	Ferramentas de alta pressão para lavagem
Objetivo do Caso:	Comprar um terreno para uma fábrica no Brasil
Conflito Cultural:	A aquisição de informações corretas, feiras, modo de vestir

Introduction and Synopsis

One of the North American executives in this case, John, is very detail-oriented and extremely organized. When Brazilians describe North Americans, they often comment about their organizational skills: rational, methodical, and having a "bullet-points" orientation. Although these skills are admired, they may not necessarily transfer well to Brazilian situations. This case shows some of the differences in the ways North Americans and Brazilians obtain information. John's spreadsheets just do not work in Brazil as well as he had planned. As Terry Kahler observes in his comments, Americans are more mechanical; Brazilians are more emotional. It does not offer much comfort when Senichiro Koshio confides that, even among Brazilians, it is impossible to get accurate information! This case also describes the different mindsets of North Americans and Latin Americans when it comes to attracting attention at trade shows. The Brazilians see it as helpful to feature women wearing clothing that is "a little provocative" to attract attention. The Americans, however, view the women as perhaps beautiful but entirely lacking in knowledge about the product. This case also illustrates the difficulties Tom had in identifying the senior executives, again because of differences in the way people dress. Finally, this case also shows how much the Brazilians appreciated Tom's efforts to learn a little Portuguese.

Introdução e Sinopse

Quando lemos nesse estudo de caso que "John é muito detalhista e organizado" nós deparamos com uma das observações mais típicas que os brasileiros fazem sobre norte-americanos. Quando brasileiros descrevem norte-americanos, eles sempre comentam sobre as suas habilidades de organização: racionais, metódicos e sistemáticos. Apesar dessas habilidades serem admiradas, esse conceito não necessariamente se aplica em situações brasileiras. Esse estudo de caso mostra algumas das maneiras pelas quais os brasileiros e os norte-americanos obtêm informações. As planilhas de John simplesmente não funcionam tão bem quanto ele planejou. Como Terry Kahler observa em seus comentários, os norte-americanos são mais mecânicos e brasileiros são mais emocionais. Nem a confidência de Senichiro Koshio serve muito como consolo, ele diz que mesmo entre os brasileiros é impossível obter informações acuradas. Esse caso também descreve as diferenças de atitude que existem entre norte-americanos e latino-americanos quando se trata de atrair a atenção do público em feiras de negócios. Da perspectiva dos brasileiros, as mulheres vestiam roupas "um pouco provocantes" para atrair a atenção. Da perspectiva dos norte-americanos, as mulheres até poderiam ser bonitas, mas elas não conheceram absolutamente nada sobre o produto. Além de notar como as mulheres se vestem, esse caso também ilustra as dificuldades que Tom teve ao identificar executivos mais velhos e mais experientes, também por causa da maneira como as pessoas se vestem. Finalmente, ao vermos as questões relacionadas à língua, esse caso também mostra o quanto brasileiros admiraram os esforços de Tom para aprender um pouco de português.

Case: The Pressure's On

Tom Tice is the president and general manager of The Pressure's On, a company that specializes in the production of parts and accessories for high-pressure cleaners. Over the past twenty-five years, the company has established a successful routine of locating near industrial centers and production plants.

Tom's logistic supervisor is John Chatwin. About five years ago, The Pressure's On took on a few international clients. The company had little experience with international business, but as John has said a million times, "Either we learn international now, when we don't depend on it, or we will have to learn about it later, when we do."

In 1973, when Tom was an undergraduate student at the University of Oregon, he had made friends with a Brazilian exchange student named Jairo Pereira. They had remained casual friends for over thirty years, and Jairo had hinted at his interest in someday working together. With Jairo's help, things progressed to the point that The Pressure's On planned to buy some land in Brazil to build a small production plant. Jairo lives in Curitiba, and the large industrial presence there interested both Tom and John. There were a number of potential land sites that Jairo located.

Tom and John found themselves in Curitiba to visit these sites with Jairo. Of course, they planned to leave the Brazilian issues to Jairo, but they wanted to make sure that their interests and desires were not compromised to any extreme. This is not to imply that they did not have total confidence in Jairo. Jairo has worked as a successful importer and exporter for years, and to Tom and John it seemed that he knew everybody important.

Neither Tom nor John spoke Portuguese although Tom's Spanish skills are adequate. He had made a stab at learning some basic phrases and actually understood quite a bit of what was going on in Portuguese around him. Brazilians loved it when he said, "Eu sou Tom, como Tom Jobim." There was something about the way he said "Jobim" that made them laugh. John, as he readily admitted, had no patience for learning another language and was amazed at anyone who could do so.

Although Jairo took the lead during the visits, Tom came prepared with some specific, objective questions that he wanted to ask. John also came prepared. One of John's strengths is that he is very detail-oriented and extremely organized. He is not really the geek type, but he did devise a spreadsheet for Tom and Jairo to use to compare notes on each of the site visits. His spreadsheet included a clever numerical weight assigned to each of the questions, leading to a grand total index that would show which site will be the best for the production plant.

All the visits went well. Tom had the opportunity to ask all of his questions and fill in all of the numerical values in John's spreadsheet. There was only one problem: all of the sites ended up with nearly the same results, and all of the results were extremely positive. Finally, Jairo pulled Tom and John aside and explained, "You Americans believe everything that you hear. If we say that bananas are orange, you Americans will believe it." "But we asked very specific questions!" retorted Tom. "Yes, but Brazilians will tell you what you want to hear. Just because they say it doesn't make it so." The lesson for Tom and John, of course, was two-sided. First, Americans tend to believe what they are told. Second, Brazilians tend to say what they think the other person wants to hear. What a dangerous combination! It really was good to have Jairo as part of this team. In the end, it was Jairo who provided the best observations leading to the purchase of the best of the three locations, and Tom and John felt confident that they were making the right decision.

Two other anecdotes about the visit are also worth repeating. First, Tom had planned his visit to coincide with a trade fair in São Paulo. The Pressure's On had participated in a number of international trade fairs, but this was the first one where the local Chamber of Commerce did not help make the arrangements. Tom had figured that if the company was going to do business in Brazil, it might as well get into the flow right away. Jairo, as usual, was instrumental in helping set this one up and arranging for The Pressure's On to have a booth. What Tom observed at the fair, however, left him a little confused about its usefulness. Finally, he said to John, "Have you noticed that the Brazilians seem more interested in hiring beautiful women in skimpy dresses, who pass out little gifts and free items, than they are in hiring people who describe what they sell? I guess we think of trade fairs as a chance to show our products, not our women." Jairo could not stop laughing at their observation and recognized that they were right. He had once organized a trade show in Europe for a Brazilian company that wanted to put a life-size picture of a naked woman in front of their booth. Jairo finally convinced the company that it would not be considered in good taste in Europe to display the poster, but old images are hard to break, and Tom and John had noticed a difference that continues today.

The second incident, which everyone laughs about now, occurred when Tom accidentally greeted the security guard, mistaking him for the executive they were supposed to meet. Brazilian dress codes can be very informal, even at the highest levels. It is actually very hard to predict how Brazilians will be dressed. So when Tom walked into one of the companies in Curitiba, a very well-dressed man met him. Tom greeted him very formally, introduced himself, shook his hand, and was about to give him a business card when Jairo stepped in to correct the error. The well-dressed man was the security guard! The vice president of the company was standing close by, wearing a blazer and a shirt with no tie. The situation was somewhat uncomfortable, but nothing that a little good-natured humor could not resolve.

Caso: The Pressure's On

Nesse caso, Tom Tice é o presidente e gerente geral de The Pressure's On, uma empresa que se especializa na produção de peças e acessórios de ferramentas de alta pressão para lavagem. Durante os últimos vinte e cinco anos, eles têm estabelecido um processo de localização perto dos centros industriais e das fábricas de produção. O supervisor de logística de Tom é o John Chatwin. Faz cinco anos que The Pressure's On aceitou pela primeira vez alguns clientes internacionais. Eles não têm muita experiência em negócios internacionais, mas como John já disse mil vezes, "Ou aprendemos a ser internacionais agora quando ainda não dependemos disso ou teremos que aprender mais tarde quando a dependência será total." Em 1973 Tom era aluno de graduação da Universidade de Oregon. Enquanto estudava, conheceu um amigo que era aluno de intercâmbio do Brasil que se chamava Jairo Pereira. Essa amizade já dura trinta anos e muitas vezes Jairo expressou o desejo de realizar um trabalho juntos. Com a ajuda do Jairo, o progresso foi tanto que The Pressure's On elaborou um plano para comprar um terreno no Brasil para fazer uma pequena fábrica de produção. Jairo mora em Curitiba e a grande presença industrial na área tem despertado o interesse tanto de Tom como de John. Há um número de terrenos possíveis que Jairo está considerando.

Tom e John estão em Curitiba para fazer uma visita a esses lugares com Jairo. Eles vão deixar, é claro, as questões relativas ao Brasil com Jairo, mas ao mesmo tempo eles querem se certificar que os seus interesses e desejos não serão prejudicados durante o processo. Isso não quer dizer que eles não confiem cem por cento em Jairo. Jairo tem muita experiência em importação e exportação e, do ponto de vista de Tom e John, parece que ele conhece todo mundo.

Nem Tom nem John falam português, mas Tom fala um pouco de espanhol. Tom já começou a aprender algumas frases fáceis e já entende uma boa parte do português que os outros falam. Os brasileiros adoram o jeito como ele diz, "Eu sou Tom, como em Tom Jobim." Há alguma coisa engraçada no jeito em que ele diz "Jobim" que faz todo mundo rir um pouco. John, como ele mesmo confessa, não tem paciência para aprender uma outra língua e fica impressionado com aqueles que conseguem.

Embora Jairo tenha liderado as conversas nas visitas, Tom também fez algumas perguntas específicas. O forte de John é que ele é muito detalhista e suas habilidades de organização são tremendas. Não é que ele seja um "geek", mas ele criou uma planilha para Tom e Jairo que lhes permite comparar as informações dos terrenos visitados. A planilha inclui um peso numérico que ele deu às várias perguntas e um índice final que indica que terreno servirá como o melhor lugar para fazer a fábrica.

As visitas foram todas muito boas. Tom pôde fazer todas as suas perguntas e teve a oportunidade de encher a tabela do John com os valores numéricos. Só que teve um problema. Todos os lugares visitados tiveram os mesmos resultados, todos aliás extremamente positivos. Finalmente Jairo decidiu que era importante falar diretamente com Tom e John e ele explicou, "Vocês americanos acreditam em tudo o que ouvem. Se alguém te disser que as bananas são cor de laranja, vocês americanos vão acreditar." "Mas nós fizemos umas perguntas bem específicas" respondeu Tom. "Pode ser, mas nós brasileiros vamos dizer o que vocês querem ouvir. Só porque nós falamos alguma coisa, não quer dizer que seja assim." Esta lição teve dois pontos importantes para Tom e John. Primeiro, os americanos tendem a crer em tudo que ouvem. Segundo, os brasileiros tendem a dizer o que acham que os outros querem ouvir. Que combinação perigosa! Sinceramente foi muito bom ter Jairo como parte da equipe. No final foi ele que ofereceu as melhores observações para a compra do melhor terreno entre os três que visitaram, e tanto Tom como John sentiram que estavam tomando a decisão correta.

Há duas outras anedotas que aconteceram durante a visita que devem ser compartilhadas. Primeiro, Tom planejou a visita para coincidir com uma feira que também foi realizada em São Paulo durante a mesma semana. The Pressure's On já tinha participado de várias feiras internacionais, mas esta foi a primeira vez em que a câmara de comércio local não fez todas as preparações. A lógica de Tom era, se vamos fazer negócios com os brasileiros, é melhor começar de uma vez. Jairo, como sempre, ajudou com as preparações e arranjou uma barraca para The Pressure's On. Só que o que Tom viu na feira o deixou um pouco confuso sobre o valor dela. Finalmente foi John que observou, "Você já notou que os brasileiros se preocupam mais em ter uma garota bonita em roupa provocativa dando brindes a todo mundo do que explicar e vender seu produto? Parece que nós consideramos essas feiras como uma oportunidade de vender o nosso produto e não as nossas mulheres." Jairo não pôde se conter e ficou rindo dessa observação pois sabia que John tinha razão. Uma vez Jairo organizou uma feira na Europa onde uma empresa brasileira queria colocar um cartaz em frente da barraca, de tamanho verdadeiro, de uma mulher nua. Com muita dificuldade Jairo finalmente convenceu o camarada que o cartaz seria de mau gosto, mas essas imagens são difíceis de mudar e parece que Tom e John notaram que essa diferença continua até hoje.

O outro incidente, e todos podem rir agora, foi quando sem querer Tom cumprimentou o guarda de segurança pensando que ele era o executivo que iam visitar. É que no Brasil o modo de vestir pode ser muito informal, até nos níveis mais altos. Às vezes é difícil predizer como os outros vão se vestir. Bom, o que aconteceu é que Tom entrou numa dessas empresas em Curitiba e viu esse senhor bem vestido. Tom o cumprimentou de uma maneira muito formal, se apresentou, estendeu a mão e estava pronto para dar o cartão dele quando Jairo entrou para corrigir a situação. Acontece que o homem bem vestido era o porteiro e guarda de segurança. O vice-presidente da empresa estava ao lado num blazer e uma camisa sem gravata. Foi um pouco esquisito, mas todo mundo reconheceu que não era nada que um pouco de humor não pudesse resolver.

Comments from North American Executives
Terry Kahler

As I read the scenario "The Pressure's On," I found it to be not only interesting but also very accurate. One of the things I noticed was that language is very important in the Brazilian community. As you deal with the Brazilians, it is important to relate to them personally as well as professionally. The American culture and the Brazilian culture are quite a bit different in business. One of the things that is different is the fact that the Americans tend to be very mechanical about how they approach their business. The Brazilians tend to be very emotional about how they approach their business. That difference is very important as you negotiate with various groups. Specifically, in this example, Tom and John found it very easy to create a spreadsheet that would make things better, but in fact it really did not improve the situation at all. My recommendation in these kinds of cases is that you focus a lot more on your questions and the types of questions that you ask, versus how you catalog the questions and the value that you put on them. So, my advice would be to create questions that give you specific answers, with numbers or metrics that you can then translate into results, which you can then weigh separately and determine what it is that you want to do and what decisions you would like to take. In doing so, however, you must mix some relationship questions in there to not make them feel isolated, to not make them feel defensive. And my recommendation is that you mix a little bit of emotion and a little bit of logic in your negotiations.

Ao ler o caso "The Pressure's On" achei que ele era não somente interessante, mas também bastante correto. Uma das coisas que notei é que língua é muito importante para brasileiros. Ao lidar com brasileiros, é importante relacionar com eles tanto de uma forma pessoal como também profissional. A cultura americana e a cultura brasileira são bem diferentes no mundo dos negócios. Uma das diferenças é o fato que os americanos tendem a ser mais mecânicos em sua forma de fazer negócios. Reconhecer isso é muito importante quando se negocia com vários grupos. Especificamente nesse exemplo, Tom e John acharam que era muito fácil criar uma planilha para facilitar o processo, mas, na verdade, a planilha não melhorou em nada a situação. A minha sugestão nesse tipo de caso é que você enfatize mais as suas perguntas e o tipo de perguntas que vai fazer, e não só o jeito de organizá-las ou a importância que vai dar a elas. Então, o meu conselho seria de criar perguntas que levem a respostas específicas, com números ou medidas, para que assim, você possa melhor interpretar os resultados, os quais você poderá considerar separadamente para determinar o que é que você quer fazer e quais são as decisões que você vai querer tomar. Mas, ao fazer isso, também deve incorporar algumas perguntas mais pessoais para não isolá-los, para que eles não se sintam defensivos. E a minha sugestão é que você inclua um pouco de emoção e um pouco de lógica em suas negociações.

Paul Cluff
In "The Pressure's On"—Tom, John, and Jairo—I thought it was interesting that Tom had this longtime friend that he was able to trust, but at the same time having a friendship is different than having a Brazilian counterpart for work. And although it was nice to have a liaison in Brazil to work with Tom, I think the company needed an American down there who would understand the Brazilian concepts and culture, who would be able to know what Jairo was talking about and doing in all of the meetings as well. I thought it was great that Tom went down with his Spanish knowledge and attempted to learn some language because Brazilians love it when Americans try to learn their culture and language, and they will warm up to you right away, and answer your questions more candidly and openly and truthfully. Second, about dress: I had an experience down in Brazil when I worked there when I showed up in a suit and learned quickly that they are a lot more lax. They want you to feel more comfortable with them, so with their clients they dress much more lax, not necessarily in jeans, but definitely more relaxed than a suit and tie. As for John and his spreadsheet, I thought it was a great idea that he tried to analyze

this problem, but there is no way that you can analyze with an American spreadsheet and American numbers to understand Brazil or find a workplace or understand its work culture. So I thought maybe it would have been better if he had talked with Jairo and they had come up with some ideas together for analyzing the data that they had for picking a location. And last of all, about girls: girls definitely sell in Brazil; it is a lot bigger than it is in America. Yes, in America sex sells, but in Brazil all you have to do is have a picture of a good-looking girl and it sells the product. So, whether or not Tom and John should have had a girl there is a different story—probably not, because they wanted to portray themselves as different—but that is definitely a cultural aspect in Brazil.

"The Pressure's On"—Tom, John, e Jairo—acho interessante que Tom tenha tido, por bastante tempo, esse amigo em que podia confiar, mas ao mesmo tempo, sabe-se que ter amizade com alguém não é a mesma coisa que ter um companheiro brasileiro de trabalho. E, apesar do fato de que tenha sido bom que Tom tivesse um colega brasileiro com quem trabalhar, acho que também precisavam de um americano lá, alguém que viesse a entender a cultura e as idéias brasileiras, alguém que também entendesse o que Jairo falava e fazia nas reuniões. Acho que foi muito bom que Tom, com o conhecimento que tinha do espanhol, tenha feito um esforço para aprender alguma coisa da língua porque os brasileiros adoram quando os americanos tentam aprender a cultura e a língua deles, isso quebra o gelo facilmente. Assim eles vão responder suas perguntas de uma forma franca, mais aberta e verdadeira. Eu passei por uma experiência interessante no Brasil quando estava trabalhando lá. Apareci de terno e logo fiquei sabendo que nesse aspecto eles são bem mais tranqüilos. Eles querem que você se sinta mais a vontade com eles e, por isso, eles se vestem de forma menos formal com os clientes. Não necessariamente de jeans, mas, com toda certeza, com menos formalidade do que a de terno e gravata. Agora, achei que foi uma ótima idéia o John tentar analisar tudo isso com a planilha dele, mas é impossível trabalhar com uma planilha americana e com números americanos. Não é assim que você vai encontrar um lugar de trabalho nem entender a cultura de trabalho. Então pensei, quem sabe, não teria sido melhor se ele tivesse falado com Jairo e se eles tivessem tido algumas idéias juntos para analisar os dados e, assim, escolher o melhor local. Finalmente, um comentário sobre as mulheres. Com toda certeza, fazer propaganda com mulheres alcança mais sucesso no Brasil do que nos Estados Unidos. Claro, nos Estados Unidos o sexo também vende, mas, no Brasil, é só colocar uma foto de uma mulher bonita e, com isso, eles têm sucesso na venda do produto. Agora se Tom e John deveriam ter feito isso é uma outra coisa. Acho que não, porque eles queriam mostrar que eram diferentes, mas, com toda certeza, é um aspecto cultural do Brasil a se levar em conta.

Walter T. Atkinson

This case was quite interesting to me mainly because I had not attended many trade shows in aviation in Latin America before going to one in Brazil. I had attended one in Colombia, and it was a little flashy, but it was a good trade show. The people who were there sold the product. In Miami they had an organization that would rotate through different countries, and they would have an air cargo show every couple of years at different locations. Well, this one happened to be down in São Paulo, and our country manager down there said, "No, I'm taking care of everything." because I had asked him if we should send down some of our cargo sales people. He said, "No, I've got it covered." And I said, "Oh, you have all your sales people who will be attending?" He said, "Well, they'll be around." I said, "Well, I'll come down for one day." So I went down there for one day, and I went down to the trade show, and I am telling you, there were three of the most beautiful women I have ever seen in my life down there. No offense to anybody watching this, but they were just gorgeous—but they did not know anything about the product. All they did was stand there and pass out brochures. And I was told by the manager, "This is the way we do things down here in Brazil. This is how we get our message out." Well, I knew enough. Why question it? Why fight it? But one of the things about the salespeople down there is that we tried to measure all those individuals down there on how much business they did. And the case dealt a little bit with spreadsheets. Well, we were trying to put together a measurement system to pay the salespeople down there based on commissions and based on overall performance. And we put the initial thing together and started discussing it with the manager down there, and he just had a fit. He just said, "We don't do things like that down here." He said, "You're going to cause me major, major problems, Walter." He said, "I just can't do that." And they were adamant that they did not want any type of a measurement system down there and basically did not want to use a spreadsheet. Their system is based on a lot of trust that the people can do it, and if the individual finds that he is managing somebody that cannot do the job, he will handle that in his own fashion. It does not make any difference what kind of policy you have in the company. They are just going to do it their own way. So combining both the trade shows and how you

measure people down there, you just have to accept how they do things down
in that country and work with it instead of against it.

Achei esse caso interessante porque eu não tinha assistido muitas feiras
de aviação na América Latina. Eu tinha assistido uma na Colômbia que era
um pouco extravagante, mas foi uma feira boa. O pessoal de lá vendia os
produtos. Em Miami eles tinham uma organização que passava de um país
para outro e faziam uma feira de carga aérea em um lugar diferente a cada
dois anos. Bom, essa foi em São Paulo e nosso gerente brasileiro disse,
"Não, eu estou cuidando de tudo." Isso porque eu perguntei se a gente
devia mandar um pouco do nosso pessoal de vendas de carga para lá. Ele
disse, "Não, já está tudo pronto." E eu disse, "Ah, vocês já têm o pessoal
de vendas que vai ajudar?" Ele disse, "Bom, eles vão estar por aqui." Eu
disse, "Bom, eu vou passar aí por um dia." Então eu fui para lá um dia, eu
fui para a feira e olha, eles tinham três das mulheres mais lindas que já vi
em toda minha vida. Não quero ofender ninguém que está vendo isso, mas
elas eram muito bonitas, só que elas não sabiam nada do produto. Tudo
que elas faziam era ficar paradas lá e distribuir os folhetos. E o gerente
me disse, "É assim que a gente faz as coisas aqui no Brasil. É assim que
a gente espalha nossa informação." Bom, eu já sabia o suficiente, então
por que perguntar mais? Para que brigar com ele? Outra coisa é que nós
tentamos medir quanto que as pessoas lá vendiam. É como no caso que
requeria um pouco de uso de planilhas. Bom, nós estávamos tentando estabelecer um sistema de avaliação para pagar o pessoal de vendas de lá
com base em comissões e também na performance como um todo. Então
montamos a parte inicial e começamos a falar do assunto com o gerente de
lá e ele ficou muito chateado. Ele disse, "A gente não faz as coisas desse
jeito por aqui." Ele disse, "Walter, você vai me criar enormes problemas
aqui." Ele disse, "Eu não posso fazer isso." E eles ficaram firmes que não
queriam qualquer tipo de sistema de avaliação lá e não queria usar a planilha.
O trabalho deles se baseia mais na confiança que o pessoal pode realizar o
trabalho e se alguém descobre que está gerenciando alguém que não pode
fazer o trabalho dele, o gerente vai lidar com isso do jeito dele. Não faz diferença nenhuma que tipo de política você estabelece na empresa. Eles vão
fazer as coisas do jeito deles. Então com essa combinação entre as feiras
e como se mede as pessoas lá, você tem que aceitar como é que eles vão
fazer os negócios no país deles e você tem que trabalhar junto com isso não
contra isso.

Comments from Brazilian Executives
Fábio Martínez

O caso Pressure's On é um caso para mim bastante interessante e clássico de quando empresas médias, localizadas ou na Europa ou nos Estados Unidos eles tentam sair do mercado em função da saturação do mercado e eles tentam ir internacionalmente. Um ponto que eu achei bastante interessante é a diferença de visão entre o presidente da empresa e o supervisor de logística. O supervisor de logística tem uma visão no meu aparecer muito muito interessante que é "vamos aprender a ser internacionais antes que a gente realmente precise." Porque no momento que eles precisarem talvez eles não tenham mais tempo de aprender. Então, eu acho que isso é realmente um fato muito interessante nessa companhia. Um outro ponto que eu achei interessante e vale a pena ressaltar é o seguinte: Essa empresa ela está basicamente confiando, a decisão dela de perseguir o mercado brasileiro, a localização no mercado brasileiro em cima de uma única pessoa, Jairo Pereira que é um amigo do presidente. Eu acho isso uma coisa bastante perigosa por vários fatores. Um, a pessoa pode ter um certo *bias* em relação a qual é a melhor localização e segundo ela pode ter no final certos interesses com relação ao projeto. Então quando se vai internacionalmente acho melhor você sempre coletar o máximo de opiniões possíveis e conversar com outras empresas que já foram. Um caso interessante aqui, vale a pena ressaltar é com relação a quando eles foram a essa feira no Brasil e o como a feira é organizada de uma forma muito menos profissional do que nos Estados Unidos. Então por exemplo, eles colocaram mulheres bonitas para atrair as pessoas para a apresentação deles em vez de procurar mostrar realmente detalhes do projeto. Isso reflete muito como negócios são feitos no Brasil. Ou seja, primeiro se procura atrair as pessoas, se estabelece um relacionamento e se o negócio, ele é ou não bom, essa é uma coisa que fica no nível secundário.

To me the case of The Pressure's On is a classic, interesting case of a medium-sized company, located in Europe or in the United States, that tries to expand its market because of market saturation and tries to go international. One thing that I thought was really interesting was the difference in the vision between that of the company president and that of the logistic supervisor. The logistic supervisor had, in my opinion, a much more interesting vision when he said, "Let's learn to go international before we really have to." Because at the moment when they really need it, they might not have time to learn it. So I believe that this was a very interesting fact about this company. Another point that I thought was interesting and worth mentioning here is the following: this company was basically trusting its decision to enter the Brazilian market and to decide where to enter the market to one single individual, Jairo Pereira, who was a friend of the company president. I believe that this is a very dangerous thing to do, for various reasons. First, this person could have some specific bias in relation to what is the best location, and second, in the end he could have some specific personal interest in the project. So when you go international, I believe that it is better if you collect the greatest number of opinions possible and that you talk with other companies that have already been there. Another thing that is interesting here and is worth mentioning is what happened when they went to the trade fair in Brazil and how the fair was organized less professionally than they are in the United States. So, for example, they had beautiful women there to attract people to their presentation instead of trying to really show the details of their project. This shows a lot about how business is done in Brazil. That is to say, first try to attract the people and establish a relationship, and whether the business is good or not—that ends up happening on a secondary level.

Senichiro Koshio

Bom, sobre esse caso, na minha experiência o que acontece é que é impossível obter informação correta dos brasileiros. Ou seja, nós conversamos, obtemos informações, mas de fato não dá para acreditar em tudo que nós escutamos. E por isso a gente precisa usar um critério próprio para analisar até que ponto a informação que nós estamos obtendo está correta ou não. A gente tem que saber lidar com isso. É tudo mais ou menos. A gente vive com esse ambiente e vai ter que apostar. Tem que ver se a informação é verdadeira ou não de fato, mas tem um pouco de risco também. Em relação a vestuário, é desse jeito também. É costume as meninas vestirem de uma forma um pouco provocativa nas feiras e é assim que se faz. E no stand que tem, tem stand que atrai mais gente, você tem gente porque tem atrações lá. E se não tiver gente assim, não atrai gente mesmo. E os seguranças também se vestem daquele jeito. É hábito no Brasil. Então, é questão de se acostumar. Então a solução nesse caso é de fato ver como é que os brasileiros se comportam e tentar assimilar a isso. Não tem como mudar o hábito deles. E o que precisamos fazer é tentar se dar bem nesse ambiente. Não tem outra solução.

Well, as to this case, in my experience what happens is that it is impossible to get correct information from Brazilians. That is to say, we talk, we get information, but the fact is that we really cannot believe everything that we hear. It is for this reason that we need to use our own criteria in analyzing up to what point the information that we are getting is correct. We have to know how to deal with this. Everything is only more or less true. We live in this type of environment, and you end up guessing. You really do need to see whether the information is correct or not, but there is a little risk involved in it, too. As to dress, that is how it is, too. It is customary for young girls at trade fairs to dress in kind of a provocative way; that is how it is done. And at the booths where you have them, those booths will attract more people; you will have more people there because there is something to attract them. And if you do not have people like that, you really will not attract anyone. And the security guards really do dress that way. It is customary in Brazil. So it is a question of getting accustomed to it. So the solution in this case really is to see how the Brazilians act and try to assimilate to it. There is no way that you are going to change their customs. So what we need to do is try to get along in this environment. There is no other way.

Fernando Sotelino

Muito bem, esse caso "The Pressure's On" a primeira idéia que veio a mente é uma tendência sim brasileira de procurar agradar, de não gostar muito de dar a má notícia, de procurar agradar e criar aquele clima de confiança para finalmente entrar em processos de negociação mais diretos e sérios. O segundo ponto que eu faria é que eu acho que existe também alguns aspectos de tradição cultural brasileira e americana. A brasileira talvez mais próxima de uma cultura católico-latina, do pecado original, do sentimento de culpa, da busca da explicação, da defesa. E talvez a cultura mais anglo-luterana da confiança daquela situação de: "Se sou bem sucedido é porque Deus está do meu lado." E não entender bem essas diferenças culturais pode levar a brasileiros interpretar a confiança americana como ingenuidade ou arrogância. E a levar americanos a interpretarem uma cultura defecivista às vezes um pouco explicativo demais com submissividade, com subversivência ou até a falta com a verdade. E essa confusão cultural pode levar a mal-entendidos e até às vezes demoras em negociações que podem evoluir mais rápido. Com relação ao último ponto do caso das roupas eu diria que eu tive dificuldade de identificar grandes diferenças culturais. Freqüentemente no Brasil as pessoas também se vestem informalmente. E cada vez mais coisas do tipo sexta-feira com roupa casual em instituições financeiras e outras. Mas me fez lembrar de um outro ponto que é verdade no Brasil e verdade nos Estados Unidos, não necessariamente achar que a pessoa mais velha de um grupo a quem você está sendo apresentado é necessariamente a mais sênior. Freqüentemente pessoas mais jovens podem estar em posições de comando e é bom estar atento a como é o processo que você está abraçando naquele determinado momento.

OK, in this case "The Pressure's On," the first idea that comes to mind is the Brazilian tendency to try to please or not to be the bearer of bad news, trying to please and trying to create a feeling of trust so that later you can enter into the process of the more serious and direct negotiations. The second point that I would make is that there are differences in some traditional aspects of American and Brazilian culture. The Brazilian is perhaps more of a Latin-Catholic culture, one of original sin, of feeling guilty, of the search for an explanation, of self-defense. Whereas perhaps a more Anglo-Lutheran culture has confidence in the idea that "If I am successful, it is because God is on my side." If one does not understand these cultural differences, well, it could cause the Brazilians to interpret American confidence as naïveté or arrogance. And it could cause the Americans to interpret [Brazil as] a defective culture, one that is sometimes a little too submissive, or subversive, or even lacking in the truth. This cultural confusion could lead to misunderstandings and even sometimes delays in negotiations which otherwise could evolve rapidly. In relation to the last point in this case, about clothes, I would say that I had a difficult time identifying large cultural differences. Frequently in Brazil people also dress informally. And more and more there are things like Casual Friday at financial institutions and at other places. But this reminded me of another point that is true about Brazil and is also true in the United States, where the oldest person in the group that you are being introduced to is not necessarily the most senior. Frequently, younger people can be in positions of power, and it is good to be aware that this is a process that one may be faced with at any given moment.

Discussion Topics and Questions

1. What do you think of Fábio Martínez's concern that Tom Tice depends too much on the advice of just one person? On one hand, should Tom simply be glad that he has a Brazilian partner and friend of thirty years? Is it realistic to think that he could locate other Brazilians he could trust? On the other hand, how does one address Fábio's concern?

2. How much does knowing a little Spanish help when working with Brazilians? Is John Chatwin really at a disadvantage when he admits that he has no

patience for learning another language? What do you think of Paul Cluff's observation that Brazilians answer questions more candidly, openly, and truthfully when you are able to speak in their language?

3. Is there no way to utilize John's exceptional organizational skills? If the spreadsheet idea did not result in the desired information, what does that say about how information is gathered and the importance of data?

4. Comment on the statement "You Americans believe everything you hear." Contrast that with Senichiro Koshio's comment that it is impossible to get accurate information from Brazilians. Which assessment do you think is accurate?

5. All of the executives comment on what Tom and John should do at the trade shows. Do you think that they should follow the Brazilian style of having women in provocative clothing, even if they find it personally offensive or in bad taste? How does one work around issues that conflict not just with professional practices but with moral or ethical beliefs? Notice that Paul Cluff suggests that they not follow Brazilian patterns, while Walter T. Atkinson says that he knew enough to realize that it was not worth fighting over.

6. How do you respond to Walter T. Atkinson's story about how the Brazilians balked at the performance measurement system? How does this tie into the balance of data and information on one hand with emotion and personal relationships on the other?

7. Terry Kahler defines American business practices as more "mechanical" and Brazilian practices as more "emotional." What does this difference imply in terms of how you approach business situations? How does one follow his recommendation of mixing logic with emotion?

8. Both Walter T. Atkinson and Senichiro Koshio summarize by saying that you just have to accept certain things because they are not going to change. How do you respond to or deal with such a situation? Prepare strategies to figure out the best ways to get accurate information from Brazilians and to know what to believe and what not to believe.

Tópicos e Perguntas para Discutir

1. O que você acha da preocupação de Fábio Martínez com o fato de Tom Tice depender tanto de somente uma pessoa? Por um lado, Tom não deveria estar feliz por ter um sócio brasileiro amigo há trinta anos? Seria realista

pensar que ele vai ter mais sócios? Por outro lado, como alguém deve reagir a essas preocupações de Fábio?

2. Ao trabalhar com brasileiros, o quanto ajuda saber falar espanhol? John Chatwin está realmente em desvantagem quando ele admite não ter nenhuma paciência para aprender uma língua nova? O que você acha da observação de Paul Cluff sobre brasileiros responderem a perguntas de forma mais franca, aberta e verdadeira quando você é capaz de falar a língua deles?

3. Seria possível utilizar as habilidades organizacionais excepcionais de John? Se a idéia da planilha não resultar na informação desejada, o que isso diz a respeito da maneira como informações são reunidas e da importância dos dados?

4. Comente a afirmação: "Vocês americanos acreditam em tudo o que ouvem." Como você contrasta isso com o comentário de Senichiro de que é impossível conseguir informações precisas de brasileiros?

5. Todos os executivos comentam o que Tom e John deveriam fazer nas feiras de negócios. Eles devem seguir o estilo brasileiro de exibir mulheres com roupas provocantes, mesmo achando isso ofensivo e de mau gosto? Como se deve trabalhar com questões conflitantes não só no âmbito profissional, mas também nos âmbitos moral e ético? Note que Paul Cluff sugere que eles não sigam os padrões brasileiros enquanto Walter T. Atkinson diz que ele sabe o bastante para perceber que não vale a pena lutar contra.

6. Como você reage à história de Walter T. Atkinson sobre como os brasileiros impediram o programa de avaliação de desempenho? Como isso está ligado ao equilíbrio de dados e informações, por um lado, e à emoção e os relacionamentos pessoais, por outro lado?

7. Terry Kahler define as práticas de negócios americanos como mais "mecânicas" e as brasileiras mais "emocionais." O que se pode deduzir a partir disso em termos de como abordar situações de negócios? Como seguir sua recomendação de misturar lógica e emoção?

8. Ambos Walter T. Atkinson e Senichiro Koshio afirmam que você tem que somente aceitar certas coisas porque elas não vão mudar. Como você reage ou lida com isso? Prepare estratégias para arranjar as melhores maneiras de conseguir informações precisas de brasileiros e saber em que acreditar e em que não acreditar.

2. World Ship

Company:	**WORLD SHIP**
Focus:	Overnight delivery of packages
Case Objective:	Updating the policy on sales executives' activities
Cultural Conflict:	Dealing with differences between Brazilian personal style and new corporate policy

Empresa:	**WORLD SHIP**
Ênfase:	Entrega *overnight* de pacotes
Objetivo do Caso:	Atualizar a política das atividades dos executivos de vendas
Conflito Cultural:	Lidar com as diferenças entre o estilo pessoal brasileiro e a nova política corporativa

Introduction and Synopsis

This case begins with an American perception that policy changes at World Ship will help it to be more productive. The new policy divides clients into three categories based on the revenues produced. Each category of client receives a different level of attention from World Ship sales personnel. It is interesting to talk to North Americans who have never worked with Brazilians about their opinions of this case. Most do not relate to the problem at all. "What is the problem? The clients can still get all the help they need, and the sales executives will not waste their time in unproductive visits." The problem is that there is a big difference between the United States and Brazil in the definition of "waste of time." As North American executive Terry Kahler observes, "American companies are focused primarily on logic, primarily on productivity, and are really trying to maximize their investment in their business. Brazilian companies, on the other hand, are focused a lot more on relationships and how to deal with their customers and suppliers on a one-on-one basis." This case shows how Brazilians have responded to the new policies and how they have tried to get around some aspects that they feel less comfortable with.

Introdução e Sinopse

Nesse caso, vemos do ponto de vista americano como algumas novas mudanças na World Ship poderão torná-lo mais produtivo. A nova política divide os clientes em três categorias baseadas nos lucros produzidos. Cada grupo recebe um nível de atendimento diferente. É interessante falar com norte-americanos que nunca trabalharam com brasileiros e ver a opinião que eles têm do caso. A grande maioria não entende o problema. "Qual é o problema? Os clientes ainda podem receber toda a ajuda de que precisam e os executivos de vendas não terão que gastar seu tempo em todas aquelas visitas não produtivas." O problema é que existe uma diferença muito grande na definição de "gastar tempo." Como o executivo norte-americano Terry Kahler observa "As empresas americanas priorizam a lógica e a produtividade, e fazem um esforço muito grande para maximizar o retorno no seu negócio. As empresas brasileiras, por outro lado, enfatizam muito os relacionamentos e como vão lidar com os clientes e fornecedores de uma forma direta um-a-um." Esse caso também mostra como os brasileiros tentam dar um jeito para evitar alguns dos aspectos das novas políticas das quais não gostam.

Case: World Ship

In a recent movie, Tom Hanks spent four years on an island in the Pacific Ocean, yet still delivered his guaranteed package. In this case, a policy change at World Ship may not seem very dramatic, but it left some Brazilians wondering if life on an isolated beach would not be so bad. World Ship has operations all over the globe and a local office in Salvador, Bahia. Clóvis Oliveira has been the branch manager of the Salvador office for the past three years, and one of his top sales executives is Nelson Barbosa.

Last year, World Ship introduced a new focus called Primary Customer Prioritization (PCP). World Ship prioritizes customers into three categories. For infrequent and low-revenue customers there are drop-off sites, pamphlets, online descriptions, and a host of other services that are available to all customers. These customers, classified as PCP3, do not require any special, specific, or additional contact with sales executives. Mid-volume customers, who generate revenues of between five hundred and five thousand dollars per month, require additional assistance, and this is provided over the telephone through World

Ship customer service representatives (CSRs). These customers are classified as PCP2. High-volume customers, who generate revenues above five thousand dollars, are classified as PCP1 customers; they receive direct visits from the sales executives of the local World Ship station.

Under the new guidelines, when a potential customer calls a sales executive, the sales executive asks the customer questions, creates a profile, and provides the customer with a phone number. Based on the answers to the profile questions, the new customer is categorized as PCP1, PCP2, or PCP3. The new profile system is designed to be advantageous for both customers and sales executives. PCP3 customers become aware of the services provided. PCP2 customers, by using the CSRs over the telephone, receive assistance in tracking packages and advice in payment options. These levels of assistance leave sales executives more time to attend to the personal needs of the PCP1 clients. The sales executives can be more flexible, have more time at their disposal, develop future projects, and be more focused on the changing needs of the PCP1 customers. For example, before the new policy Nelson Barbosa worked with 200 clients, clients that he visited on a regular basis. Only 60 of those clients are now classified as PCP1, but those 60 clients represent more than eighty percent of his total revenue in sales. The other 140 are now classified as PCP2 and receive their services from CSRs over the phone.

So what is the downside of the policy? As Clóvis Oliveira explains, "Technically, the new policy is one hundred percent correct. Culturally, it is one hundred percent complicated." To begin with, it was culturally bizarre for Nelson to tell the 140 clients that he had been visiting, some for over three years, that he could no longer attend to them personally and that instead they would have to call a number to talk to a representative on the phone. Brazilians want to be treated as special. The pleasure of doing business is found in the pleasure of dealing with people. "You mean you won't be able to take care of me any more, Nelson? What do you mean you can't come and see me? We can't even go out for coffee, Nelson? Oh, Nelson, what's going on at World Ship?" A similar problem arises when new potential customers give the sales executives a call. Culturally, it makes no sense for someone who is already talking to Nelson to be told, "You need to call the central office, build a profile, and then they'll tell you who to talk to." Every Brazilian on the planet will respond by saying, "But Nelson, what's going on? I'm already talking to you, and now I need to talk to someone else to find out if I can talk to you?" That, however, is the way it is now at World Ship. Without knowing the buying potential, the sales executives cannot make personal visits. To be clear, World Ship is not refusing any customer. The company simply has different levels of assistance.

In addition to restricting visits to PCP I customers only, the home office also has a new set of guidelines for how often PCP I customers can be visited. Each kilometer traveled and every visit made must be reported. If a sales executive is allowed ten visits with a certain client, and he visits twenty times, he must answer to the station manager and the home office. The number of visits is determined by a matrix based on the revenues generated and any increase or decrease in sales. The home office has really been cracking down on how sales executives spend their time. Sales executives need to know the costs of time spent in visits that do not correlate to sales. A good portion of Clóvis's time is now dedicated to helping sales executives understand the actual costs involved in how they spend their time. World Ship may be a global company, but in Brazil this is seen as a very "American" way of doing business.

Lately, the Brazilians have been discovering ways of getting around the new policy. It is not their intent to do anything illegal or underhanded, but they want to soften the harshness of the new policy for those old customers who no longer receive personal visits. For example, the station in Salvador has a secretary named Sandra. Of course, Sandra's job is not to be a sales executive. However, the station receives a number of over-the-counter drop-off packages. Normally, these in-station deliveries do not account for more than two thousand dollars in revenues per month. Since the new policy, however, over-the-counter revenues are up to nearly thirty thousand dollars. Old clients simply go straight to Sandra. Sandra also seems to be enjoying more flowers and chocolates from grateful customers who thank her for tracking their packages.

Caso: World Ship

No cinema Tom Hanks ficou numa ilha no oceano pacífico por quatro anos e ainda entregou o pacote como prometido. Neste caso, uma mudança de alguns procedimentos da empresa World Ship não é tão dramática, mas mesmo assim deixou alguns dos brasileiros que lá trabalham pensando que talvez a vida numa ilha isolada não fosse tão má. A World Ship tem operações no mundo inteiro e uma sucursal em Salvador da Bahia. Clóvis Oliveira é o gerente geral em Salvador há três anos. Nelson Barbosa é seu maior executivo de vendas.

No ano passado, A World Ship introduziu um novo programa chamado Prioridade aos Clientes Primários (PCP). A World Ship divide os clientes em três níveis de atendimento. Para os clientes infrequentes e os de renda baixa há lugares na cidade onde se pode enviar os pacotes, ver folhetos, acessar descrições *online,* e receber uma série de outros serviços disponíveis. Esses clientes não precisam de nenhuma assistência especial, específica ou de contato pessoal com os executivos de vendas. Os clientes de vendas de meio-volume que geram vendas de quinhentos a cinco mil dólares mensais recebem assistência adicional em forma de telemarketing, através de representantes de serviço ao cliente (RSC). Os clientes de alto-volume que geram vendas acima de cinco mil dólares se classificam como clientes PCP1 e recebem visitas diretas dos executivos de vendas da sucursal local de World Ship.

Conforme os novos procedimentos, quando um futuro cliente liga para o executivo de vendas, este lhe dá um número de telefone para criar um perfil do cliente. Dependendo das respostas às perguntas para o perfil, se classifica o novo cliente como PCP1, PCP2, ou PCP3. O novo procedimento contém vantagens tanto para os clientes como também para os executivos de vendas. Os clientes PCP3 ficam sabendo dos serviços disponíveis. Os clientes PCP2, ao utilizarem os RSCs através do telefone, recebem assistência de *tracking* e conselho sobre as opções de pagamento. Esses níveis de atendimento também significam que os executivos de vendas têm mais tempo para atender às necessidades pessoais dos clientes PCP1. O executivo de vendas pode ser mais flexível, ter mais tempo à sua disposição, desenvolver futuros projetos, e enfocar mais nas suas necessidades. Por exemplo, antes da nova política, Nelson Barbosa trabalhava com mais de 200 clientes, que visitava continuamente. No novo sistema, somente 60 desses clientes se classificam como PCP1, mas estes representam mais de oitenta por cento da renda total das suas vendas. Os outros 140 são classificados como PCP2 e recebem atendimento através do telefone com os RSCs.

E qual é o lado negativo? Como Clóvis Oliveira explica, "Na parte técnica, a nova política é cem por cento correta. Culturalmente é cem por cento complicada. Já desde o início culturalmente era esquisito ter que falar aos 140 clientes que Nelson visitava, alguns por mais de três anos, que já não poderia fazer mais essas visitas pessoais e que em vez disso, eles teriam que ligar para um número para falar com alguém no telefone. O brasileiro quer ser bem tratado. Parte do prazer de fazer negócios é o prazer que existe na interação entre as pessoas. "Quer dizer, Nelson que você não vai me atender mais? O que é isso de não poder vir aqui para falar com a gente? Quer dizer que nem podemos sair para tomar um café? Ô Nelson, o que está acontecendo aí na World Ship?" Outro problema parecido surge com os possíveis futuros clientes quando eles ligam para Nelson diretamente. Culturalmente não tem sentido dizer para alguém que já está falando com Nelson, "Você precisa ligar para esse número, criar um perfil e daí podemos indicar quem poderia atender você." Todo brasileiro no planeta vai responder dizendo, "Mas Nelson, o que é isso? Já estou falando com você e agora preciso falar com mais alguém para ver se posso falar outra vez com você?" Mas essa, mesmo assim, é a nova política da World Ship. Sem saber do perfil do novo cliente, o executivo de vendas não pode fazer uma visita pessoal. Outra vez, para esclarecer, a World Ship não está recusando novos clientes. Simplesmente agora tem diferentes níveis de atendimento.

Além da nova restrição às visitas aos clientes PCP1, a casa matriz também tem uma nova política sobre o número de vezes que esses clientes PCP1 podem ser visitados. O executivo de vendas tem que manter um relatório de cada visita feita e cada quilômetro andado. Se o executivo de vendas puder fazer dez visitas com um certo cliente e ele fizer vinte visitas, vai ter que explicar para o gerente geral e a casa matriz o motivo dessas visitas. O número de visitas depende de uma tabela que considera os lucros geridos e qualquer aumento ou baixo nas vendas com esse cliente. É que a casa matriz está tentando ensinar para os executivos de vendas como devem usar o tempo. Os executivos de vendas precisam entender o custo do tempo deles em relação às visitas que não produzem vendas. Uma boa parte do tempo de Clóvis é dedicada a reuniões com os executivos de vendas, tentando ajudá-los a entender os custos verdadeiros relacionados a como eles utilizam o tempo. Pode ser que a World Ship seja uma empresa global, mas no Brasil todos acham que o jeito de fazer negócios é muito "americano."

Ultimamente os brasileiros têm descoberto outras maneiras de evitar a nova política. Não é que querem fazer nada ilegal o desonesto, mas querem minimizar o impacto direto da nova política, especialmente para com os velhos clientes que já não podem receber as visitas pessoais. Por exemplo, na loja em Salvador, tem uma secretária chamada Sandra. Claro, ela não tem a função de ser uma executiva de vendas. Na loja, entretanto, sempre existia algumas vendas "de balcão". Normalmente as vendas de balcão não chegam a ser mais de dois mil dólares por mês. Desde a nova política, entretanto, os lucros de vendas de balcão são quase trinta mil dólares por mês. Os velhos clientes vão diretamente para a Sandra. Sandra, por algum motivo, tem recebido muitas flores e chocolates de clientes que querem expressar o quanto agradecem o atendimento pessoal que ela deu no *tracking* dos seus pacotes.

Comments from North American Executives
Terry Kahler
World Ship is a very classic example of a culture clash between Brazilian companies and businesses and American companies and businesses. As I read through the synopsis, I discovered that this example fits very well, and is very

much in line, with a lot of American companies trying to do business in Brazil. American companies are focused primarily on logic, primarily on productivity, and are really trying to maximize their investment in their business. Brazilian companies, on the other hand, are focused a lot more on relationships and how to deal with their customers and suppliers on a one-on-one basis. This culture clash sometimes creates problems in business models, and sometimes Brazilian people and Brazilian companies will try to find ways to go around the business models, ways to create a hybrid model that does not necessarily meet the original design of the company. My recommendations for people finding themselves in this situation is to really trust the business model, to really understand when going around the business model will negatively impact the financial results. If they do find themselves in a situation where the business model does not work in a particular case, then you may not want to do business in that particular area, and you may want to focus specifically on areas which might bring profit, which might bring better results. And when that area is saturated—we'll call that, say, the available market—when that area is saturated, then you can re-focus your efforts on finding ways of doing business in areas that are not part of that original plan and not part of that available market. When you have success in those areas, it will spread quickly, and customers and employees alike will tend to gravitate towards the model. When you have failure, it will be big, and you will definitely want to change your model at that time.

A World Ship é um exemplo clássico de um conflito cultural entre empresas brasileiras e empresas americanas. Ao ler a sinopse descobri que esse exemplo encaixa muito bem e está bem relacionado a muitas empresas americanas que estão tentando fazer negócios no Brasil. As empresas americanas priorizam a lógica, priorizam a produtividade, e fazem um esforço muito grande para maximizar o retorno no seu negócio. As empresas brasileiras, por outro lado, enfatizam muito os relacionamentos e como vão lidar com os clientes e fornecedores de uma forma direta um-a-um. Esse conflito cultural cria, às vezes, problemas nos modelos de negócios e, às vezes, os brasileiros e as empresas brasileiras tentam dar um jeito para evitar o modelo de negócios, e tentam descobrir um jeito de criar um modelo híbrido que não necessariamente coincide com o perfil original da empresa. A minha recomendação para as pessoas que se encontram nessa situação é de confiar no seu modelo de negócios, para entender quando é que evitar o modelo de negócios realmente vai afetar de forma negativa os resultados financeiros. Se eles se encontrarem numa situação em que o modelo de negócios não funciona, daí pode ser que você não queira fazer negócios naquela área e pode ser que você queira enfatizar em outras áreas específicas que vão gerar lucros ou melhores resultados. E quando aquela área estiver saturada, vamos chamá-la de mercado possível, quando aquela área estiver saturada, daí você pode reformular os esforços para achar trabalho em novas áreas que não fazem parte do plano original ou não fazem parte daquele mercado possível. Quando você tiver sucesso nessas áreas, isso vai espalhar rapidamente e tanto os clientes como os funcionários tendem a aceitar o modelo. Se você fracassar, ele será bem evidente e você vai querer mudar o modelo a partir daquele momento.

Paul Cluff

World Ship was an interesting case, and I had personal experience in this area because I worked in a financial bank which also had salesmen there who were selling tractors. And we would do the financing side of those sales. And these sales people would go out and make various visits on site to talk to these clients and make sure that they were satisfied so that they could get more business from them, and it did take a lot of time. They would go out there for a full day. They would go out there and go to lunch with them. And if they jeopardized that, then they jeopardized losing a client as well. So, I can totally understand, from the Brazilian side of this, that you cannot just put a dollar figure and say that you can only visit a certain number of people because there might be some who might actually turn into bigger revenue. There might be some who have friends in other places. It is who you know in Brazil that is the most important. So to have this secretary do personal business is probably a good idea, but at the same time there has to be an analysis of future business for Brazilians, of some different kind of connection with these clients, whether they can do a meeting together with that sales executive—something that keeps them in touch still because just cutting yourself off from these clients, you would definitely lose their business. Also, I was thinking about schedules. If you could make some kind of schedule that would tell the American executives why you were spending time with certain clients and what clients you wanted to stick more closely to, and give them a report, then they would probably be more likely to allow you to do that. But it sounded like, here, they just wanted to have a certain way to get around the rule and do it the way they wanted to. So there was definitely a gap between the American executives and the Brazilian executives there.

A World Ship foi um caso interessante e eu já tive experiência pessoal nisso porque eu trabalhava num banco financeiro em que tivemos um executivo de vendas que vendia tratores. Nós fazíamos a parte financeira disso. E eu vi esses executivos saindo para trabalhar e fazendo várias visitas diretas aos clientes, para se certificar que estavam contentes, tudo para que eles pudessem fazer mais negócios com eles. Tudo isso, de fato, levava muito tempo. Eles ficavam lá o dia inteiro. Eles iam lá e almoçavam com os clientes. E, se não fosse assim, prejudicavam tudo e eles correriam o risco de perder o cliente. Então, do ponto de vista brasileiro, entendo tudo isso perfeitamente e realmente não se pode estipular uma certa quantidade de dinheiro ou insistir num certo limite no número de visitas porque quem sabe não vai haver alguém que vai ter um excelente retorno agindo assim. Pode ser também que esses clientes tenham outros amigos em outros lugares. No Brasil, o importante é quem você conhece. Então, nessa situação, acho que foi uma boa idéia ter tido uma secretária que pudesse dar essa atenção pessoal. Ao mesmo tempo, eles têm que fazer uma análise de futuras atividades porque precisam de um outro tipo de contato com os clientes, talvez uma reunião, juntos, com um executivo de vendas. Precisam de alguma coisa que ajude a manter contato com eles, porque, com toda certeza, se você cortar o relacionamento com essas pessoas você vai perder o negócio. Eu também estava pensando em um cronograma. Quem sabe você não poderia preparar algum tipo de cronograma que descrevesse, para os executivos americanos, por que seria importante fazer as visitas e por que você queria continuar a visitá-los, e também fazer um relatório. Quem sabe, assim, eles não seriam mais abertos e não concordariam que vocês fizessem isso. Infelizmente, pode parecer que, nesta situação, eles somente queriam dar um jeitinho de desrespeitar as regras e achar um modo de fazer o que queriam. Então, com toda certeza, neste caso, existe uma falta de comunicação entre os executivos americanos e os executivos brasileiros.

Walter T. Atkinson

World Ship is a very interesting case study, mainly because having been in the airline industry for about thirty-five years, it kind of hit home, especially when it is dealing with cargo or small packages. It was interesting because my very good friend is vice president of cargo for the Brazilian carrier down there, and we have talked about how you deal with a business down in Brazil. When we started flying down there, we had to fly into two different airports, but we were allowed to pick one airport when we got our final authority to fly into there. So we hired some local salespeople. Well, we thought that we would hire local salespeople to sell out of both airports, and we would truck the product back and forth between airports. Well, that was not the case because when I started meeting with the salespeople down there, they had their set of customers in their general airport area, and they did not go over to the other airport. They were not socializing with those individuals. Well, I could not understand this. So by this time I had a lot of experience in international, but I had never had any experience with this Brazilian concept of working with the customers a little differently, more on a social level. So I went along on several sales calls with the salespeople. And they were long sales calls. You would go in there, and you would have to sit down, and you would have to relax, and you never even talked about business until the last two or three minutes of the sales calls. You would walk in there, and the sales person always got a big hug from whoever they were talking to, and they would ask about their families, and they would talk: everything was social. And over here, you know, in our country, we are talking ninety percent business, ten percent social. Over there, it is about ninety percent social, ten percent business. And we just could not change that around. And finally we just had to accept that, you know, that was how we were going to do business down there. And mainly because we were an international air carrier flying into there, we probably adapted a little bit faster, but I still had people who worked for me back at headquarters in Miami who just could not comprehend that. That was just not the way that you did business. Interestingly enough, our operation was bought out by a major US package carrier, who wanted our whole airline operation, and they went into all of the markets we had. We had about five hundred people working down there. And they tried to change things to exactly the way that they were doing things in the United States. Well, as of about six months ago, everybody who worked down in Latin America for us, who were Latin American nationals of each country, had all resigned because they did not want to do business that way. And most of the customers down there have moved over to those carriers that still operate and give that same courtesy and service that they expect, being in their country.

World Ship foi um caso muito interessante, basicamente porque depois de trabalhar na indústria aérea durante quase trinta e cinco anos, eu me identifico com ela, especialmente com sua forma de lidar com carga e pacotes pequenos. Foi interessante porque tenho um bom amigo que é o vice-presidente de carga de uma empresa brasileira de transporte e nós já falamos sobre como se faz negócios lá no Brasil. Quando começamos a voar para lá, tivemos que escolher um entre dois aeroportos para entrar, mas nós só podíamos escolher um deles ao receber a autorização final para a aterrissagem. Então nós contratamos alguns vendedores locais. Bom, pensamos que poderíamos empregar vendedores locais para vender em ambos os aeroportos e a gente transportaria os produtos de um aeroporto para o outro. Pois é, esse não era o caso porque ao reunirmos com o pessoal de vendas de lá, eles diziam que tinham os clientes deles localizados mais ou menos perto do aeroporto e que eles não iam para o outro aeroporto. Eles não socializavam com os outros. Bom, eu não podia entender isso. E nessa altura eu já tive muita experiência internacional, mas eu nunca tinha experiência com essa idéia brasileira de trabalhar com os clientes de modo diferente, num nível mais social. Então eu acompanhei várias visitas com o pessoal de vendas. E elas eram visitas longas. A gente ia, se sentava, relaxava e nunca falava de negócios até os últimos dois ou três minutos da visita de vendas. A gente entrava, o pessoal de vendas sempre recebia um grande abraço da pessoa com quem eles falavam, e eles perguntavam sobre suas famílias e falavam, e tudo era muito social. A parte de negócios era, bem, aqui, você sabe, em nosso país nós falamos noventa por cento de negócios e dez por cento social. Lá é mais ou menos noventa por cento social e dez por cento negócios. Era impossível mudar isso. Finalmente nós tivemos que aceitar isso e que era assim que a gente ia fazer negócios lá. Acho que porque éramos uma companhia internacional de transporte que voava para lá, nós adaptamos mais rápido, mas mesmo assim eu tive pessoas em Miami lá na matriz que não compreendiam isso. Para eles não era o jeito de fazer negócios. É interessante salientar que nossa operação foi vendida a uma grande companhia americana de transporte de carga que queria comprar toda nossa operação aérea e eles entraram em todos os nossos mercados. Nós tínhamos umas cinco mil pessoas que trabalhavam lá. E eles tentaram mudar as coisas para fazer tudo exatamente como fazem nos Estados Unidos. Bom, faz uns seis meses que soube que todos as pessoas que trabalhavam conosco na América Latina, os que eram nacionais de origem latino-americana, todos renunciaram porque não queriam trabalhar daquele jeito. E quase todos os clientes que tivemos já mudaram para outras companhias de transporte que ainda realizam operações com a mesma cortesia e serviço que esperavam nos países deles.

Comments from Brazilian Executives
André Medeiros

Bom, esse caso é interessante porque no Brasil, e eu acho na cultura latina, é muito importante o contato físico, tu sentar com teu cliente e conversar e poder atender às necessidades dele. Quando tu troca isso, vai ter uma resistência muito forte com quem estava trabalhando de ele trocar para uma outra empresa. Não é bem vindo esse tipo de estratégia. O que se pode fazer para tentar mudar isso, esses clientes que vão ter que parar de ter contato direto é que tu dá um incentivo no preço. O preço no Brasil o pessoal é muito sensível ao preço. Se tu baixa um pouquinho o preço e diz, "Olha, se tu for pelo telefone vai ser mais barato," com certeza a grande parte vai mudar. Eu não tenho dúvida disso. Uma vez eu tive uma experiência com televisão que a gente abaixou o preço em doze reais para um jogo de *pay-per-view*. A gente aumentou as vendas de cinco mil para dezoito mil. Só em doze reais. Então tu vê que nesse caso acho que é muito parecido. Se tu dá um incentivo para ele, ele vai se mudar sem problema nenhum. A questão, acho que com tempo, é tu conseguir fazer com que ele se sinta a vontade falando no telefone em vez de falar com a pessoa física, mas com o incentivo ele se adapta.

OK, this case is interesting because in Brazil, and I believe in Latin culture, physical contact is very important: sitting with your clients, talking, and being able to take care of their needs. When you change this, you are going to have strong resistance from those you have been working with, and you may lose them to another company. This type of strategy is not well received. What you can do to try to change this, for those clients who will have to stop receiving direct visits, is to give them a price incentive. People in Brazil are very sensitive to price issues. If you lower the price just a little bit and say, "Look, if you use the phone system, it will be cheaper," without a doubt the majority will change. I have no doubt about it. I once had an experience with televisions where we lowered the price on a pay-per-view package by twelve reals. We increased sales from five thousand to eighteen thousand all because of twelve reals. So you can see that this case is very similar. If you give clients an incentive, they will change without any problem at all. The thing is that over time you will get them to feel better about talking on the phone instead of speaking with a person directly, and with incentives they will adapt.

Senichiro Koshio

Eu tive uma experiência de ser gerente de relacionamento em banco, e fazendo negócio com os clientes é similar em qualquer tipo de negócio. E eu posso comentar bem sobre esse caso. O que acontece é que o negócio é feito entre as pessoas, conversando com as pessoas. E naturalmente nós queremos do lado da empresa, queremos dar atenção maior para clientes que dão receitas maiores, lucros maiores. Mas, não funciona bem assim. Precisamos dar atenção também para clientes que não dão retorno, mas que exigem uma atenção. Fica difícil realmente de resolver essa questão, de precisar dar prioridade para alguns porque é importante para a empresa, mas o relacionamento pessoal conta muito em todos sentidos. Então, o que precisamos nesse caso é tentar achar um meio termo entre relacionamento das pessoas, fazendo negócios, conversando com as pessoas, e ver um mecanismo de dar prioridade segundo essa política. Mas seguir uma política rígida, deixando de lado alguns só porque não deu um retorno não vai funcionar de jeito nenhum na prática, na teoria sim, mas na prática não. Agora no Brasil tem um negócio que se chama "dar um jeitinho." Tem regra, mas "dá um jeitinho" de não seguir essa regra. Essa secretária, Sandra se não me engano, que vende produto para clientes, para clientes que não são bem atendidos é um exemplo típico. E no Brasil tem muito disso. Se você quer estabelecer uma regra, pode estabelecer, mas sempre tem alguma forma de driblar essa regra. Por isso eles inventam, inventam muitas regras paralelas que são os jeitinhos brasileiros. E não tem como também sair desse hábito que é uma cultura brasileira.

I have had experience as the customer relations manager at a bank, and doing business with clients is similar in any kind of business. So I can easily comment about this case. What happens is that business is done between people, in talking with people. And naturally, from the business perspective, we want to give greater attention to clients who provide greater revenues, greater earnings. But that is not really how it works. We also have to give attention to clients who do not produce returns, but who do demand our attention. It really is difficult to resolve this problem, that of giving priority to some because it is important for the company, because personal relationships count a lot in every way. So, what is needed in this case is to try to find some middle ground between the relationship with people, doing business, talking with people, and having some mechanism for setting priorities based on this policy. But following a rigid policy—eliminating some people because they do not produce returns—is not going to work at all in actual practice: in theory, yes, but in practice, no. Now, in Brazil there is a thing called *dar um jeitinho*. There are rules, but *dá um jeitinho* means to not have to follow the rule. A typical example is this secretary—Sandra, if I'm not mistaken—who sells products to clients, to the clients who are not well taken care of. And there is a lot of that in Brazil. If you want to make a rule, go ahead and make a rule, but there will always be a way to get around that rule. This is why they make rules: they make parallel rules, which are the Brazilian *jeitinhos*. And there is no way to avoid this habit, which is part of Brazilian culture.

João Worcman

A World Ship no Brasil vinha tendo um sucesso considerável mas não tanto quanto eles queriam e eles começaram a promover algumas mudanças para ter mais produtividade, mais no modelo americano. Talvez tirando um pouco do atendimento direto que o brasileiro está acostumado, ele fazendo com que alguns clientes tivessem que ser reselecionados para que não fossem, para que não tomassem tanto tempo assim dos vendedores e do sistema em geral criado pela empresa. Então eles resolveram separar os clientes em três categorias e alguns, e os clientes tinham que ligar, por exemplo, para o executivo de vendas para lhe falar, "Não, você tem que ligar para esse número 0-800 ou para esse escritório central da empresa. Você vai ser re-classificado e aí talvez você possa ser atendido diretamente por mim. Talvez você não possa ser atendido diretamente por mim." Provavelmente eles não falavam tão friamente assim com o cliente mas eu acho que era o que ficava na cabeça do cliente. E realmente acho que uma maneira que eles poderiam diminuir esse atrito é se o cliente fosse logo através da comunica-ção da empresa do marketing fosse o primeiro telefonema dele fosse direto para o telemarketing e não tendo que passar pelo vendedor. Bom, com isso talvez também fosse interessante que eles fizessem uma pesquisa para ver quantos desses clientes que não podem ser atendidos diretamente teriam acesso à internet e poderiam começar a conduzir algum tipo de negócio através da internet. Talvez pedir coletas, fazer pagamentos, tudo isso para aumentar produtividade na empresa. Agora é muito importante notar que o cliente brasileiro quando ele não está sendo mais atendido diretamente pelo vendedor e ele costumava ser atendido, provavelmente ele vai querer entender o por quê. Na cabeça dele pode ser que a empresa não esteja mais desfrutando uma saúde financeira como estava antes, ou então ele vai que-rer que a empresa dê um desconto. Ele precisa ter alguma coisa que seja em contra partida. Se não, ele vai achar que a empresa só está orientada para o lucro e o relacionamento dele de longo prazo não interessa. Eu acho que a World Ship está com, realmente tem que fazer essa mudança porque os vendedores no Brasil não estão acostumados ou não estão treinados a fazer um *time management* adequado. Enquanto que aqui nos Estados Unidos ou nas empresas americanas gasta muito tempo treinando seus vendedores. Eles sabem o quanto é importante essa conexão final com o cliente e que eles façam isso da maneira mais eficiente atendendo o cliente da melhor forma possível. No Brasil muitas vezes os vendedores não recebem esse tipo de treinamento e não são tão valorizados quanto aqui. Então eu acho que a empresa fazendo essa, colocando essa política de que os vendedores só podem gastar certo tempo com os clientes tentando educá-los para que eles consigam trabalhar de uma maneira mais eficiente possível. Eu acho que é muito positivo.

World Ship was enjoying considerable success in Brazil, but not as much as its executives wanted, and so they began to implement some changes to increase productivity, following more of an American model. This perhaps took away from the direct attention that Brazilians are accustomed to because the change caused clients to be reclassified so that they would not take up so much time from the salespeople and from the central system that had been set up by the company. So they decided to divide the clients into three categories, and some clients had to call, for example, the sales executive to talk to him, only to find out, "No, you have to call this 1-800 number, or the company's central office. You are going to be reclassified, and then maybe I can take care of you directly, but maybe you will not be able to be taken care of by me." Probably they did not talk to the client so bluntly, but I think that is how it came across to the client. I really believe that they could have reduced the stress if the company, soon after receiving this news, had had the marketing folks be the first to contact the client directly, so it would not have to go through the salespeople. And maybe it would have been interesting if they had done some research to see how many of these clients were not able to be taken care of through the Internet. Or perhaps they could have done collections, payment plans, or those sorts of things to increase productivity in the company. Now, it is very important to note that Brazilian clients who are no longer being directly taken care of by salespeople, and who are used to being taken care of in that way, will probably want to know why. What they are thinking is that the company is probably no longer enjoying financial health as they were before. Or maybe they will want the company to give them some kind of discount. They will want to have some sort of counteroffer. If not, they will think that the company only cares about money, and that it does not care about a long-term relationship with them. I think that World Ship really has to make this change because salespeople in Brazil are not used to and are not trained in appropriate time management. On the other hand, here in the United States or in American companies they spend a lot of time training their sales force. They know how important this final connection is with the client, and they take care of things more efficiently, helping clients in the best way they can. In Brazil sometimes the salespeople do not get this type of training, which is not valued as much. So I think that as the company puts this policy into effect, the salespeople will be able to spend a specific amount of time with clients, and they need to try to educate them so that they can work more efficiently. I believe this is positive.

Discussion Topics and Questions

1. What is your opinion of André Medeiros's observation and recommendation that Brazilians are very sensitive to price, and that if World Ship were to lower the price for those clients that are now PCP2 customers, they would accept the change more readily?

2. What is your opinion of World Ship's new policy? Do you find yourself sympathizing more with the American perspective or more with the Brazilian perspective? What recommendations would you give if you were advising the local manager, Clóvis Oliveira? What recommendations would you offer the sales executive, Nelson Barbosa? What recommendations would you offer those in the North American central office?

3. Do you agree with Terry Kahler's recommendation that you trust the business model? What are the ramifications of changing the model versus potentially not doing business in that area?

4. Walter T. Atkinson seems to suggest that we are looking at a balance between courtesy and service, on one hand, and efficiency, on the other. Does one side exclude the other, or are there ways to maintain both?

5. João Worcman observed that it would be helpful to keep data on what percentage of the clients who are assigned to a PCP2 status really have access to and use the Internet for shipping packages. What other data would you find useful for analyzing the effectiveness of World Ship's policy changes?

6. What is your opinion of Senichiro Koshio's observation that Brazilians bend the rules, break the rules, and make parallel rules? Is the *jeitinho* really uniquely Brazilian?

7. How valid is Paul Cluff's concern that World Ship may lose future revenues from clients who are currently categorized PCP2 but who could potentially produce greater revenues in the future? How does the World Ship model account for the future potential of its clients?

8. How does one interpret the increase in over-the-counter sales and the new role that Sandra plays beyond her duties as secretary? What does it suggest in terms of World Ship's policy and strategy?

Tópicos e Perguntas para Discutir

1. Qual é sua opinião sobre a observação e recomendação de André Medeiros que o brasieliro é muito sensível ao preço e se a World Ship baixasse o preço para as pessoas que atualmente são clientes PCP2 que eles estariam mais dispostos a aceitar a mudança?

2. Qual é sua opinião sobre a nova política da World Ship? Você se identifica mais com a perspectiva americana ou mais com a perspectiva brasileira? Quais são as recomendações que você ofereceria para o gerente local Clóvis Oliveira? Quais seriam as suas recomendações para o executivo de vendas Nelson Barbosa? Suas recomendações para as pessoas da matriz norte-americana seriam diferentes?

3. Você está de acordo com a recomendação de Terry Kahler que é importante confiar no seu modelo de negócios? Quais são as conseqüências de mudar o modelo ou de possivelmente não fazer negócios naquela área?

4. Parece que Walter T. Atkinson está sugerindo que é importante ver o equilíbrio entre cortesia e serviço por um lado e eficiência por um outro. Você acha que um lado exclui o outro ou tem como manter os dois?

5. João Worcman observou que seria bom manter estatísticas sobre a porcentagem de clientes que foram designados à categoria PCP2 que tem de verdade acesso à internet e que de verdade utilizam a internet para mandar pacotes. Quais são os outros dados que seríam úteis para a análise da eficiência das novas políticas da World Ship?

6. Qual é sua opinião sobre a observação de Senichiro Koshio que o brasileiro dribla regras, quebra regras, e inventa regras paralelas? Será que o "jeitinho" é realmente uma característica tão unicamente brasileira?

7. Você acha válida a preocupação de Paul Cluff quando ele observa que a World Ship talvez corra o risco de perder futuros lucros dos clientes que atualmente são categorizados PCP2 mas quem no futuro têm o potencial de produzir retornos bem maiores? Como é que o modelo da World Ship toma em conta o futuro potencial dos clientes?

8. Como se interpreta o aumento nas vendas de balcão e o novo papel da Sandra, além dos deveres que ela tem como secretária? O que é que isso sugere em termos da política e estratégia da World Ship?

3. Burger World

Company:	**BURGER WORLD**
Focus:	Sale of fast food
Case Objective:	Taking fast food to cities in the interior
Cultural Conflict:	Dealing with the absence of a tradition of fast food restaurants

Empresa:	**BURGER WORLD**
Ênfase:	Restaurante de fast food
Objetivo do Caso:	Abrir um restaurante de comida rápida numa cidade do interior
Conflito Cultural:	As cidades do interior não têm uma tradição de restaurantes de comida rápida

Introduction and Synopsis

Burger World had been successful in the large metropolitan areas of Brazil but encountered difficulties when the company tried to expand into the smaller cities of the interior. Because these cities lacked a tradition of fast food or of family dining, the company needed to introduce a whole series of activities to customers, from training them to use drive-thru windows to helping them pronounce the items on the menus. Moreover, Burger World had to deal with the effects of import taxes on the toys that come with the kids' meals. All of the executive comments confirm the reasons for Burger World's difficulties in the interior cities. Some praise Burger World for its efforts. Others question whether it is worth the effort. As the Brazilian executive André Medeiros summarizes, "[In Brazil] you take your grandmother, grandfather, or uncle out. So you've got to take some of this family community feel and adopt it for fast food. If not, it just will not work." This case provides a number of examples of Burger World's attempt to make it work.

Introdução e Sinopse

A Burger World já fez muito sucesso nas grandes áreas metropolitanas do Brasil, mas nesse estudo de caso lemos sobre as dificuldades encontradas quando tentaram expandir para as cidades menores do interior. Sem uma tradição de *fast food* ou de restaurantes familiares, eles precisavam introduzir uma série de atividades desde o treinamento sobre as janelas de *drive-thru* até a pronúncia dos itens no cardápio passando pelos efeitos das taxas de importação dos brinquedos que vêm com as refeições das crianças. Todos os comentários dos executivos confirmam as razões pelas quais a Burger World teve dificuldades nas cidades do interior. Alguns elogiam a Burger World pelos seus eforços. Outros questionam se o esforço valeu a pena. Como o executivo brasileiro André Medeiros disse, "[No Brasil] tu leva a avó ou o avô, o tio. Então tu tem que trazer um pouco a comunidade da família para dentro do *fast food*. Se não o negócio não pega." Esse caso fornece vários exemplos das tentativas da Burger World para que tudo dê certo.

Case: Burger World

In Portuguese the plural of Brazil is *Brasis*. To North Americans it is a strange-looking word, but the grammar rule for making plurals is to drop the *l* and add *s*. Brazilians frequently refer to the various *Brasis* to emphasize the country's regional distinctions: *gaúchos* in the south, *paulistas* in São Paulo, *cariocas* in Rio, and *nordestinos* in the Northeast.

When a multinational company decides to expand into another country, it must weigh all factors and decide whether all regions of the country will be dealt with in the same way. In this case a fast food chain, Burger World, decided to expand into a greater portion of Brazil. Burger World had already had success in large cities such as São Paulo and Rio de Janeiro. The expansion would introduce Burger World to the interior cities, away from Brazil's large metropolitan areas.

São José do Rio Preto is located in the interior of the state of São Paulo. It has a population of 180,000 and is located about 450 kilometers (280 miles) from the city of São Paulo. The largest city in the northwest corner of the state of São Paulo, São José do Rio Preto maintains extensive farming and cattle ranching and retains the traditional values and customs of the interior. Like other cities of the interior, São José do Rio Preto does not have a tradition of eating out in fast food restaurants. Burger World decided to build a beautiful restaurant in a nice neighborhood, close to an area where many young people gather to go to clubs and restaurants.

Soon after the restaurant's inauguration, however, a series of problems arose. First, customers assumed from the location and elegance of the restaurant that it was probably too fancy and too expensive for the average buyer. It was perceived as a rich person's restaurant. Second, many customers did not understand how fast food restaurants work. These customers would enter the restaurant and sit down, waiting for the waiter to bring them a menu. They did not know that they were supposed to go to the counter to order their food. Third, customers were embarrassed to order because they could not say the names of the items. Burger World named their food items with English terms such as "nuggets," "cheddar melt," and "sundae." For those customers who could not pronounce "chicken nuggets," it was easier not to even try. (Think of the first few times you entered an Indian restaurant and were grateful for that friend who knew what all of those items on the menu were.) Fourth, customers had a hard time understanding the concept of a *drive-thru*. In the United States there are 1.2 people for each car on the road. Nearly everyone drives, and they all have been raised with the idea of a drive-thru. In Brazil there are 11 Brazilians for each vehicle. There are still a lot of cars on the road, but many people do not drive, and no one has been raised with the idea of a drive-thru. It was not just the poor who felt embarrassed and a little uncomfortable when ordering the food with the strange names. The reticence to go to fast food restaurants applied to all social classes.

In Brazil generally, there is no tradition of a family-style fast food restaurant. There are *barracas,* or small carts on the street, where individuals can buy sandwiches and hamburgers. The *barracas* offer really delicious hamburgers with cheese, egg, bacon—the works. There is, however, no tradition of taking a family to these carts for a dinner together. There are also buffet-style restaurants and restaurants where you pay by weight, but again it is not a traditional family activity. When Burger World opened in São José do Rio Preto, the company estimated it would have forty thousand customers a month. Initially, the new location had only ten thousand.

So what did Burger World do? The company began with a large radio, billboard, and coupon campaign throughout the city advertising the low prices of the hamburgers. It also emphasized the use of the restaurant for birthday parties, where the atmosphere and decorations were free, and the customer had to pay only for the food. Next, the company offered coupons at gas stations and gave prizes to any customers who would go to the drive-thru. The objective was to get those who had a car to try the drive-thru. In the restaurant, managers hired local people from well-known families to serve as communication assistants. The communication assistants were trained to help others so they would not have to feel embarrassed about ordering the food. Burger World wanted customers to see that local community people were there to help. Burger World also hired additional helpers, who spent all of their time in the eating area helping customers by telling them where to order, where to get their food, and where to sit afterwards. Finally, Burger World also worked to emphasize the hygiene procedures and the cleanliness of the restaurant. Burger World wanted its customers to know of the strict procedures and standards that the company followed (which are not followed by street sellers at their carts).

Have you ever wondered why large North American chains are so much more expensive than the local restaurants in countries outside North America? Among other challenges, Burger World, McDonald's, Burger King, Kentucky Fried Chicken, Subway, and Pizza Hut all have to deal with import taxes and quality issues. For example, Burger World has a Buckaroo Meal that comes with a little toy. The Brazilian import taxes are so high that Burger World is forced to choose an inferior toy for the Buckaroo Meal in Brazil. If you compare it with the toy that comes in the Buckaroo Meal at Burger World in Paraguay, you will notice that the one in Paraguay is a lot nicer. Paraguay has no import tax on such items. As a multinational corporation, Burger World is careful to pay all of the required taxes. Honest business practices cannot be compromised. Unfortunately, the local competition is notorious for doing otherwise. No wonder the competition can sell *esfirra* (similar to an Italian calzone or an empanada) and *kibes* (fried cracked wheat and hamburger) for ten cents apiece. Finally, as a multinational franchise, there are quality standards that have to be met. Brazilian potatoes do not generally have the correct water content to make french fries that meet Burger World's standards. Consequently, Burger World is forced to buy potatoes from Argentina and Canada, adding again to the overall cost.

As Burger World expanded, its executives learned a lot about Brazil. For example, in some cities they tried putting in a small cafe so that customers could come in just to buy coffee. Unfortunately, the stores had two floors, a ground floor where food was ordered and a second floor with tables where people could sit down and eat. When Burger World put the cafe on the second floor, Brazilians refused to go up to the second floor just to order a coffee. Burger World has also learned that different regions of Brazil need to be dealt with differently. The Northeast, for example, had no tradition of eating out in fast food restaurants, but because of its climate had a tradition of going out for ice cream. With time, Burger World has emphasized ice cream much more in the Northeast, which has resulted in greater success.

Caso: Burger World

Em português o plural do Brasil é "Brasis". Para o norte-americano a palavra parece estranha, mas a regra gramatical indica que se faz o plural ao eliminar o -l e ao substitui-lo com -s. O brasileiro frequentemente se refere aos vários "Brasis" para enfatizar as diferenças regionais: o gaúcho do sul, o paulista em São Paulo, o carioca no Rio, e o nordestino do nordeste. Quando uma empresa multinacional decide entrar em um país diferente, quais são os fatores que afetam a decisão de que se deve tratar com todas as regiões do país de forma igual ou que se deve fazê-lo de uma forma diferente? Nesse caso, um restaurante de *fast food*, Burger World, decidiu fazer uma abertura de lojas em novas partes do Brasil. A Burger World já teve muito successo nas grandes cidades como São Paulo e Rio de Janeiro. A nova expansão vai introduzir a Burger World às cidades do interior, essas que estão mais longes das grandes áreas metropolitanas do Brasil.

São José do Rio Preto fica no interior do estado de São Paulo. Ela tem uma população de 180,000 e fica uns 450 kilômetros (280 milhas) da cidade de São Paulo. São José do Rio Preto é uma região agropecuária que conserva as tradições e costumes do interior. Como as outras cidades do interior, São José do Rio Preto não tem uma tradição de comer em restaurantes de *fast food*. A Burger World decidiu construir um bonito restaurante num bairro nobre perto de onde os jovens se reúnem para sairem aos clubes e restaurantes.

Logo após a inauguração, surgiu uma série de problemas. Em primeiro lugar, dado o local e elegância do restaurante, isso fez com que os clientes acreditassem que o restaurante era muito chique e muito caro para pessoas de menor poder aquisitivo. Acharam que era um restuarante para gente rica. Segundo, muitos clientes não entendiam como os restaurantes de *fast food* funcionavam. Esses clientes chegavam e iam sentando nas cadeiras esperando o garçon atender. Eles não sabiam que deviam ir ao balcão para pedir a comida. Além disso, os clientes também se sentiam envergonhados ao fazerem o pedido porque não podiam dizer os nomes das comidas. A Burger World utiliza os termos em inglês: *nuggets, cheddar melt, sundae,* etc. Para os clientes que não podiam pronunciar "*chicken nuggets*" era mais fácil nem tentar. (Pense nas primeiras vezes que você entrou num restaurante com comida da India e como era bom ter aquele amigo que sabia o que eram as comidas no cardápio.) Outros clientes também tinham dificuldades com a idéia do *drive-thru*. Há 1,2 americanos para cada carro nas estradas americanas. Parece que todo mundo dirige e todos foram criados com a idéia de um *drive-thru*. No Brazil tem 11 brasileiros para cada carro. Ainda quer dizer que tem muitos carros, mas há muitos que não dirigem e não tem ninguém que foi criado com o costume de um *drive-thru*. Não eram só os pobres que se sentiam constrangidos quando pediam comida com aqueles nomes esquisitos. O receio de ir ao restaurante de comida rápida se aplicava a todas as classes sociais.

Em geral no Brasil não existe uma tradição de comer com a família num restaurante de *fast food*. Existem barracas de lanches na rua onde as pessoas podem comprar sanduíches e hambúrgueres. Vendem-se deliciosos lanches nas barracas com queijo, ovos, toucinho, tudo. Não existe, entretanto, uma tradição de levar toda a família para jantar juntos na barraca. Também existem os restaurantes de buffet e os outros em que se paga por quilo, mas outra vez não existe uma tradição de uma atividade familiar nesses lugares. Quando a Burger World abriu o restaurante em São José do Rio Preto eles estimaram que teriam quarenta mil clientes todo mês. Inicialmente só tinham dez mil.

Então, o que é que a Burger World decidiu fazer? Fizeram uma divulgação em toda a cidade usando rádio, *outdoor* e cupons falando dos baixos preços dos hambúrgueres. Também enfatizaram o uso do restaurante para festas de aniversário em que o salão e a decoração eram grátis, o cliente só pagava o que comesse. Depois eles ofereceram cupons nos postos de gasolina e deram brindes aos clientes que passaram a conhecer o *drive-thru*. O objetivo era fazer com que aqueles que tivessem carro passassem pelo *drive-thru*. No restaurante eles contrataram atendentes de comunicação da própria cidade de famílias conhecidas. Essas pessoas eram treinadas para ajudar aos outros para que não se sentissem envergonhados ao pedir a comida. A Burger World queria que os clientes vissem que as próprias pessoas da comunidade estavam alí para ajudar. A Burger World também contratou algumas pessoas para ficarem cem por cento do tempo no salão para ajudar a ensinar como os pedidos deveriam ser feitos diretamente nos caixas, depois onde pegar a comida, e onde se sentar. Finalmente, a Burger World fez um trabalho para divulgar os procedimentos de higiene e limpeza do restaurante. A Burger World queria que os clientes soubessem dos rigorosos padrões que seguiam (que não existem nos produtos das barracas de lanches).

Já pensou alguma vez por que as grandes multinacionais são bem mais caras do que os restaurantes locais? Entre outros motivos, A Burger World,

McDonalds, Burger King, KFC, Subway, Pizza Hut, etc. todos têm que se preocupar por taxas de importação e questões de qualidade. Por exemplo, a Burger World tem o *"Buckaroo Meal"* que inclui um brinde. As taxas de importação no Brasil são tão altas que a Burger World se sente forçado a escolher brindes inferiores para o *Buckaroo Meal*. Ao comparar os brindes que acompanham o *Buckaroo Meal* da Burger World no Paraguai, percebe-se que eles são bem melhores. O Paraguai não tem uma taxa de importação nesses brindes. Como multinacional, a Burger World tem que ter muito cuidado para pagar todas as taxas requeridas. A alta qualidade e os procedimentos honestos não podem ser sacrificados. Infelizmente, a competição local nem sempre segue o mesmo padrão. Não se admira que a competição pode vender esfirra e kibe por trinta centavos. Finalmente, como uma franquia multinacional, há outros padrões de qualidade. Por exemplo, as batatas brasileiras geralmente não contêm o conteúdo apropriado de água para poder fazer as batatas fritas da Burger World. Por isso, a Burger World tem que importar as batatas da Argentina e do Canadá, aumentando outra vez o custo do produto.

Com toda essa experiência, a Burger World já aprendeu muito sobre o Brasil. Por exemplo, em algumas outras cidades eles tentaram a idéia de colocar um pequeno café dentro do restaurante, só para as pessoas comprarem café. Infelizmente essa loja tinha dois andares, o primeiro andar para fazer o pedido da comida e o segundo andar com o salão para sentar-se à mesa para comer. Quando a Burger World instalou o café no segundo andar, ninguém subiu para pedir café. Simplesmente o brasileiro não vai subir para o segundo andar para pedir o café. Além disso, a Burger World também aprendeu que tem que tratar as outras regiões do Brasil de formas diferentes. No nordeste, por exemplo, também não existe uma tradição de comer fora em restaurantes de *fast food*. Dado o clima, entretanto, as pessoas dessa região saem muito para comprar sorvete. Com o tempo, a Burger World tem enfatizado mais o sorvete no nordeste e por causa disso tem desfrutado de mais sucesso.

Comments from North American Executives
Terry Kahler

As I read the scenario of Burger World, I was very intrigued that Brazilian society is not built on fast food. In fact, *fast food* in Brazil is almost an oxymoron. In Brazil people like to go out for very long dinners, and it is a social gathering and a social event. In addition, what intrigued me was the fact that Brazilians do not like to be embarrassed. This type of restaurant—where you walk in and see a very strange, Americanized menu, and you see a different style of ordering and a different process—would in some ways intimidate and scare a lot of Brazilian people because they are really focused on personal attention. When they walk into a restaurant or a store, Brazilians would prefer to have several people wait on them, and show them around, and help them find whatever they are trying to find or whatever they are trying to order. Most Americans would rather be left alone, and we would rather try to find our item and then come back and check out, or come back and deal with people. In addition, Brazilians pay a high degree of attention to hygiene. Hygiene is a very important part of Brazilian society, including in the streets. A lot of people who deal in Brazil will find that the Brazilians keep everything extremely clean. The other thing that intrigued me about this scenario is the fact that they were trying to import the little toys for the little kids' packages. They were at a competitive disadvantage with some of the local people, who were importing products illegally or were buying products in a different market. Import duties and taxes are a very formal part of Brazilian society and part of the protectionist code that they have in Brazil. So my recommendations for this type of company would be, number one, that you understand that fast food is a little bit anticultural in Brazil and that you will probably have limited success in this type of venture. And the reason is that the available market for people attending this type of restaurant is going to be very small. You are going to be limited to Americanized Brazilians, or people who are European in nature, or perhaps the upper class. So I would recommend that you select your markets carefully—that you find those available markets and find those pockets of people that are willing to attend this type of restaurant—and that you do some of the things that Burger World has done. They have really done some things to localize their menu and to localize their offerings to their customers, and that would help significantly in being successful.

Ao ler o caso da Burger World, achei muito interessante que a sociedade brasileira não tem uma tradição de *fast food*. Aliás, acho que a frase *fast food* no Brasil seria um oximoron. No Brasil as pessoas gostam de sair para um jantar demorado e isso constitui um evento social. Além disso, achei interessante o fato de que o brasileiro não gosta de ficar envergonhado. Nesse tipo de restaurante onde você entra e vê um cardápio americano e vê um estilo diferente de pedir e um processo que de uma certa forma intimida e espanta muitos brasileiros por que eles enfatizam mais a atenção pessoal. Quando entra num restaurante ou numa loja, o brasileiro prefere que várias pessoas o atendam, que mostrem, e ajudem com o que ele está querendo achar ou pedir. Nós americanos preferimos que nos deixem sozinhos para achar o que queremos e só depois vamos para o caixa ou voltamos para falar com as pessoas. Além disso, o brasileiro presta muita atenção à higiene. A higiene é uma parte muito importante da sociedade brasileira, inclusive nas ruas. Muitas pessoas que lidam com brasileiros vão notar que o brasileiro gosta que tudo esteja muito limpo. Outra coisa que achei interessante desse caso é o fato que eles estavam tentando importar os brinquedinhos para os pacotes dos menininhos. Eles sofriam uma desvantagem competitiva com algumas das pessoas locais que importavam os produtos ilegalmente ou que compravam os produtos num mercado diferente. As taxas de importação e os impostos constituem uma parte muito formal da sociedade brasileira e parte do código protecionista que existe lá no Brasil. Então, as minhas recomendações para este tipo de companhia seriam primeiro que vocês entendam que a idéia de *fast food* é um pouco fora da cultura do Brasil e que ele teria um sucesso limitado nesse tipo de negócio. A razão disso é que o mercado disponível de pessoas que vão para esse tipo de restaurante vai ser pequeno. Ele vai ser limitado aos brasileiros americanizados ou pessoas mais européias ou talvez as da classe mais alta. Então, eu sugiro que escolham os mercados com muito cuidado para encontrar aquelas faixas de mercado disponível e encontrar aquelas pessoas que estão dispostas a ir a esse tipo de restaurante e que vocês façam algumas das coisas que Burger World já fez. Eles de fato já tentaram algumas coisas para criar um cardápio mais local e oferecer outras coisas para os fregueses locais e tudo isso ajudaria significativamente para ter sucesso.

Paul Cluff

Burger World was a great story because I can identify. I have eaten at a McDonald's down there, and I had an experience similar to this Burger World case in going down and trying to order different things in McDonald's. You could pronounce things at this McDonald's—Brazilians could pronounce them easily—and they even had items that the United States does not have. So it was more personalized to Brazil. And that is why that McDonald's had success, whereas here it seems like they kept all of the American names on the menu, and people had problems with it. That is definitely something that Brazilians would rather see: having their items "Brazilianized," if you want to say that. Also, having fast food in Brazil just does not make sense because when you eat in Brazil, and you are going to go out, you make that decision to go out. You are going to sit down for two hours, and you are going to enjoy yourself, and you are going to rest and relax. You are not going to worry as much about fast food—having to get some food in a hurry and eat in a hurry. If you do, then it is more in a big city setting. If you go to a smaller city, then fast food definitely does not exist because you do not have the aspect of going out to eat quickly. Going out to eat is definitely not as much a popular thing to do in the smaller cities. And also, as to the regions within Brazil, since they were populated from different cultures, I would even say that Brazil could be broken up into different countries instead of regions. So you cannot pop a Burger World in one city and expect it to be popular with the exact same menu items in all the different areas in Brazil. So it was good that in the north they decided to do ice cream because it is definitely a popular item in the north. And also the drive-thru aspect just does not exist in Brazil. First of all, you do not have as many cars there. In the bigger cities, where people do drive, it is already nutty getting around in cars. They are not going to know what a drive-thru is, what they are supposed to do "through" it. So I do not even think drive-thrus should exist, in my own opinion. And also, when Burger World created a sit-down restaurant that was beautiful and in a nice area, that is great, but it also gives the feeling that you are going in there to sit down for a nice meal—that you are going to sit there for a long time. And if you are just giving out burgers, you do not have to have that atmosphere that a sit-down restaurant has to have. It kind of goes with the hygiene problem. With the *barracas* on the corner, you are just going there to get a burger, and you do not care if there is good hygiene there or not. So the difference between the *barracas* and Burger World really does not help Brazilians choose Burger World—to go eat at Burger World for the hygiene.

A Burger World é um ótimo caso porque se relaciona a minha experiência pessoal. Eu já comi em um McDonald's de lá e tive uma experiência pare-cida a essa da Burger World em que eu entrei e tentei pedir diversas coisas em um McDonald's. Mas lá, eu podia pronunciar bem as coisas nesse Mc-Donald's. Os brasileiros também podiam pronunciar facilmente e eles até tinham algumas coisas que nem temos aqui nos Estado Unidos. Então era uma coisa mais pessoal, feita para o Brasil. É, por isso, que aquele McDon-ald's teve sucesso enquanto aqui parece que eles ficaram com um cardápio com os nomes americanos e as pessoas tinham dificuldades com isso. Com toda certeza o brasileiro prefere ver os itens "abrasileirados" se é que eu posso dizer isso. Também não acho que a idéia de *fast food* pegue bem no Brasil. Não tem sentido porque quando você sai para comer no Brasil, você está realmente pensando em comer fora. Você vai se sentar por duas horas e vai se divertir, descansar e relaxar. Você não vai se preocupar em receber a comida rapidamente ou em comê-la rapidamente. Pode ser assim numa cidade grande, mas se você estiver numa cidade pequena, a idéia de *fast food* não existe mesmo porque não existe essa coisa de comer rápido. Aliás, sair para jantar fora não é tão comum nas cidades pequenas. Também, já que as várias regiões do Brasil foram povoadas por pessoas de países diferentes, eu até diria que o Brasil poderia ser dividido em regiões de países diferentes. Quer dizer que você não pode colocar a Burger World numa cidade e esperar que os itens do cardápio sejam tão populares numa área do Brasil como em outra. Então, nessa situação, foi bom que eles decidiram vender mais sorvete no norte porque o sorvete é muito popular lá. Também a idéia de um *drive-thru* não existe no Brasil. Em primeiro lugar não há tantos carros lá. As pessoas que dirigem nas cidades grandes já têm que enfrentar a loucura do tráfico. Eles não vão saber o que é um *drive-thru* e não vão saber o que fazer com ele. Então, na minha opinião, nem acho que deva existir *drive-thru*. Outra coisa, quando eles falaram da Burger World em termos de um restaurante bonito num bairro elegante da cidade, está tudo bem, mas tudo isso te dá a impressão de que vai se sentar em frente de uma comida elegante e que vai ficar lá por muito tempo. E se vai sair somente hambúrgueres, não precisa do ambiente de um restaurante elegante. Está relacionado com essa idéia de higiene. Se você quiser um hambúrguer, há barracas na esquina, e ninguém se preocupa com a higiene. Então, considerando a diferença entre barracas e a Burger World, isso não daria para o brasileiro o incentivo de escolher a Burger World, nem de comer na Burger World por causa da higiene de lá.

James Riordan

A very, very interesting case study on Burger World, a successful fast food organization in the cities, in the big cities of Brazil, doing very well, that decided to move into the interior. What happens in Brazil and probably in a lot of third world countries is that there is an enormous distinction between the big cities and the hinterland cities. One of them is that fast is not necessarily a good concept. You are not rushed for time. You are raising cattle. You are raising corn or whatever it might be. So there is not the innate necessity to speed up the eating process—rather, to slow it down so that you can have more and more conversations. I think that the organization might have missed that point along the way, plus the fact that English is not as prevalent in the backlands. What is fascinating about this, though, is the fact that they stopped and analyzed what was going wrong. And it looks like they put their fingers on a lot of cultural problems, which probably helped them in the long run to solve them.

One is that they identified immediately that they needed people from the community—shakers and movers—in their organization to convince people that this was a good thing. Rather than buying ad time on TV or radio, they went right to the heart of the problem. It's people to people. So I think one of the key things here was not necessarily the mistakes they made initially but their ability to stop and look at themselves and their organization within the culture where they worked, and make the necessary adaptations, so that people in the interior would not see their business, not as a strange animal which was coming into town, but rather as an extension of some of the well-known families in the community, to help bring acceptance. Now, whether they are going to want to eat fast food or not—that will be another story.

Burger World é um caso muito, muito interessante, uma empresa de *fast food* de muito sucesso nas cidades, nas cidades grandes do Brasil, tiveram muito sucesso e decidiram entrar no interior. O que acontece no Brasil e provavelmente em muitos dos países do terceiro mundo é que tem uma diferença enorme entre as cidades grandes e as cidades do interior. Uma delas é que "rápido" não é necessariamente uma idéia positiva. A gente nem sempre está com pressa. Você está criando gado. Você está plantando milho ou o que for. Então, não existe essa necessidade de comer com pressa. É melhor comer com calma para ter mais tempo para conversar. Acho que a empresa perdeu não percebendo isso. Além disso o inglês também não é muito comum no interior. O que é interessante desse caso é o fato que eles pararam e analisaram o que faziam de errado. E parece que eles identificaram muitos dos aspectos culturais que ao longo prazo ajudou a resolver os problemas. Um deles é que eles identificaram imediatamente que precisavam de pessoas da comunidade, as de influência para ajudar dentro da organização para convencer os outros que o restaurante era uma coisa boa, isso em vez de comprar mais tempo para propaganda na televisão ou no rádio. Eles foram diretamente à raiz do problema, quer dizer gente falando com gente. Então, eu acho que uma chave aqui não era necessariamente o erro que cometeram inicialmente mas sua habilidade de parar, olhar para si mesmos na sua organização e ver tudo desde uma perspectiva da cultura onde trabalhavam. Daí mudar o que era necessário para as pessoas do interior para que eles não os vissem como esses animais esquisitos que vinham de fora, mas como amigos das famílias bem conhecidas dentro da comunidade que podiam ser aceitos. Agora, ainda não sei se eles vão querer comer *fast food,* mas isso seria um assunto para outra hora.

Comments from Brazilian Executives
Fábio Martínez

O caso Burger World, eu acho que ele, no meu entender, ele é um caso bastante interessante de como os americanos, eles vêem o Brasil como um país de uma cultura homogênea e quando na realidade não é. O Brasil é um país muito grande como os Estado Unidos e que tem diferenças culturais enormes em apenas, em poucas distâncias geográficas. Esse caso de Burger World relata o caso de uma cadeia de *fast food* que entrou no Brasil e ela fez sucesso nas duas principais cidades São Paulo e Rio de Janeiro. Porém, o que há de se considerar é que São Paulo e o Rio são cidades cosmopolitas extremamente influenciadas pela cultura americana, em certa parte também pela cultura européia, em que algum produto americano automaticamente vai fazer sucesso simplesmente pelo fato de ser uma idéia importada. Então os executivos dessa cadeia automaticamente pensaram em estender esse sucesso para as outras cidades do Brasil. Porém, cidades do interior do Brasil apesar de terem riqueza e uma população grande, elas têm uma cultura muito mais regional, muito mais local. Então, por exemplo, não é tradicional nessas cidades sair no final de semana para ir a um restaurante. A cultura é se reunir a família em casa e almoçar dentro de casa com toda a família junto. Um outro ponto interessante aqui é a cultura do *drive-thru*. No Brasil, definitivamente no interior do Brasil não é a cultura de se usar muito o carro para se comprar qualquer coisa. Quer dizer, a idéia sempre é parar, entrar numa loja, estabelecer o relacionamento, conhecer a pessoa que está por trás do balcão e é uma coisa que o *drive-thru* não permite. As soluções que eles implementaram realmente fazem muito sentido. Ou seja, eles procuraram uma pessoa que entende da sociedade, é bem posicionada na sociedade para tentar fazer com que essa cultura de *fast food* seja incumbida dentro da sociedade dessa pequena cidade. E um outro ponto é procurar enfatizar os produtos que realmente fazem muito mais sentido, por exemplo o caso do sorvete no nordeste do Brasil. Então, ou seja, saber entender essas diferenças culturais mesmo dentro de um país, é coisa muito importante que deve ser considerada num caso como esse.

The case of Burger World: I believe, as I understand it, that it is a really interesting case in how Americans see Brazil as a homogeneous culture when in reality it really is not. Brazil is a very large country, like the United States, and it has enormous cultural differences in relatively small geographic distances. This case of Burger World tells of the story of a fast food chain that entered

Brazil and had a lot of success in the two main cities of São Paulo and Rio de Janeiro. However, what one needs to keep in mind is that São Paulo and Rio are cosmopolitan cities that are extremely influenced by American culture (and to a certain extent by European culture, too), and that an American product is automatically going to be successful simply because it is an imported idea. So the executives of this chain automatically thought that they could extend their success to other cities in Brazil. However, the interior cities of Brazil, despite their riches and high populations, have a more regional and local culture. So, for example, it is not traditional in these cities to go out to restaurants on weekends. Their culture is more to get together with families at home, to have dinner with the whole family together in the house. Another interesting thing here is the culture of a drive-thru. In Brazil, and most definitely in the interior of Brazil, there is no culture of using your car to buy something. That is to say, the idea is more that of stopping, going into a store, establishing a relationship, and getting to know the person who is behind the counter—and that is just something that a drive-thru does not allow. The solutions that they implemented really do make sense. That is to say, they tried to get someone who understood their society, someone who was well positioned in their society who could make the fast food culture become part of the society of the small cities. And another thing they did was to emphasize the products that really make more sense, for example, that of selling ice cream in the northeast of Brazil. So, that is to say, it is really important to know about the different cultures that exist within a country, and they should be considered in a case such as this one.

André Medeiros

O Burger World, ele estava tentando expandir para alguns mercados no interior do estado de algumas regiões e estava com alguns problemas em relação à adaptação do pessoal com a comida americana. Realmente na cidade grande não é problema porque o pessoal que come *fast food* é um pessoal mais de classe média-alta que já viajou bastante, que fala a língua, que não tem problema em pronunciar o sanduíche e a comida. Mas no interior não tem muito disso. No interior é um pessoal mais de classe média, um pessoal mais conservador. Então é realmente um problema, esse da pronúncia. Tu tem que educar o consumidor a pedir isso sem nenhum problema. Tu tem que fazer ele se sentir à vontade. Eu acho que tem alguns *fast foods* no Brazil que fizeram isso muito bem. McDonald's por uma parte fez isso. Eles traduziram, quando eles foram para o Brasil, o "Lanche Feliz" é o *"Happy Meal"* aqui. Então teriam que adaptar um pouco mais ainda para quando eles fossem para o interior, fazer com que a língua ficasse mais fácil para o pessoal, para ele pedir. Também em relação a esse ponto, no interior o pessoal gosta de comer mais com calma. No almoço tu tem duas horas para almoçar. Então não tem essa pressa de comer em trinta minutos e voltar para o trabalho. Tu sai com a família. Tu leva a avó ou o avô, o tio. Então tu tem que trazer um pouco a comunidade da família para dentro do *fast food*. Se não o negócio não pega. Por último o que eu queria comentar a questão dos competidores. No interior do estado tu tem muita barraca que vende hambúrguer, que vende o que, no sul eles chamam "bauru" que é um hambúrguer grande, caseiro, muito barato, que o pessoal gosta muito. É difícil competir com preço com esse tipo de restaurante. Então o que é interessante fazer é realmente tentar entrar nessas cidades menores mas também enfocar um pouco mais nesse pessoal de classe média-alta porque em relação ao preço é impossível competir com esses outros competidores.

Burger World was trying to expand into new markets in the interior cities in some states, and they had some problems related to how people were adapting to American food. It really is the case that this is not a problem in big cities because those who eat fast food are more upper-middle-class people who have traveled a lot, who speak the language, and who do not have problems in pronouncing the names of the food and sandwiches. But the interior cities are not like that. In the interior cities the people are more middle-class. They are more conservative. So it really is a problem, that of pronunciation. You have to educate your consumer so that he can ask for this without problems. You have to help him feel comfortable. I believe that there are fast food chains in Brazil that have done this very well. McDonald's has done a lot of this. When they came to Brazil, they translated the Happy Meal as *Lanche Feliz*. So you have to adapt things a little more when you go into the interior cities, and make sure things are easier to say so that people can ask for them. Also, related to this, people in the interior cities like to relax while eating. They take two hours for lunch. So they do not have this pattern of eating in thirty minutes so that they can get back to work. You go out with your family. You take your grandmother, grandfather, or uncle out. So you have got to take some of this family, community feel and adopt it for fast food. If not, it just will not work. Finally, I wanted to make a comment about competitors. In the interior cities there are many stands that sell hamburgers; they sell what are called in the south *bauru*. These are big, home-style hamburgers that are very cheap, and people really like them. It is difficult to compete with the price of that kind of restaurant. So it is interesting to try to enter into these smaller cities, but you have also got to focus more on the upper-middle-class because in terms of price it will be impossible to compete with the other competitors.

Weslley Bonifácio

Com relação ao caso Burger World tem alguns pontos que eu gostaria de citar pelo fato do insucesso que ele teve no interior do Brasil. Eu acho que o primeiro ponto seria realmente o fato de que no interior do Brasil as pessoas não estão muito com pressa. Então não é como cidades como São Paulo e o Rio de Janeiro onde todo mundo está em *rush hours* e realmente gosta de comer alguma coisa muito rápida. O segundo ponto eu acho que seria realmente o fato de customizações, que isso se aplica a todo Brasil, mas principalmente ao interior do Brasil onde as pessoas gostam de customizar os lanches delas. Então algumas pessoas pedem o hambúrguer mas não pedem o pepino. Pedem cebola com tomate, mas sem a maionese, sem a mostarda. Então isso é muito importante você ter essa flexibilidade para o cliente. Um terceiro fator, eu acho que seria a competição. No interior de São Paulo, e eu sou do interior de São Paulo, de Campinas mais especificamente, e tem muita competição em termos de lanches. Então nós temos muitos lanches bons, grandes, e gostosos que as pessoas estão bem *addicted to it* (acostumado a isso). Eu acho que isso acaba sendo um outro fator na decisão do cliente. Com relação ao fato de que o brasileiro geralmente não vai fora para comer, eu não acredito muito nisso. Eu acho que isso é mais uma questão de que você pode contornar esse ponto com o fato de localização. Você colocando como exemplo, você poderia colocar a localização desse restaurante Burger World na frente de uma escola. Então logo depois das aulas a criança com certeza gostaria de comer um lanche nessa unidade Burger World e com certeza facilmente convenceria a sua mãe a levá-lo nessa unidade. Então acho que isso realmente não seria um problema. Eu acho que essas acustomizações das quais eu estava me referindo há um tempo atrás eu acho que poderia ser por exemplo em termos de sorvetes, saladas, também seria a variedade do produto seria outra alma do negócio. Seria também, é uma forma de você cativar o cliente. É uma forma de você diversificar o seu portfolio de produtos para chamar uma clientela nova a sua unidade.

As to the Burger World case, there are some points that I would like to make about the lack of success that they had in the interior of Brazil. I think that the first point would really be the fact that in the interior of Brazil people are not as worried about being in a hurry. So it is not like in cities such as São Paulo and Rio de Janeiro, where everyone is always in rush hour, and they really like to eat things quickly. The second point that I would like to make is about customizing orders and how it applies to Brazil, especially in the interior of Brazil where people like to customize their lunch orders. So some people ask for their hamburgers without pickles. They ask for onions and tomatoes, but without mayonnaise, or without mustard. So it is really important for you to have that flexibility for your client. I think a third factor is that of competition. In the interior of São Paulo—and I am from the interior of São Paulo, Campinas to be more specific—there is a lot of competition when it comes to lunches. We have a lot of good, big, and delicious places to have lunch, and people in town are addicted to them. I believe that this ends up being another factor in their decision. As to the fact that Brazilians do not go out to eat, I do not believe that is very significant. I think it is more a question of solving it by finding the right location. For example, I think you could put a Burger World at a location in front of a school. That way, right after class I am sure the children will want to eat a snack at that Burger World, and I am sure that it will be easy to convince their moms to take them there. So I really do not think that would be a problem. I think that the customizing that I was referring to earlier can also be seen in the customizing of things like ice cream and salads, and providing this type of variety, which would be the core of business. It would also be a way for you to get more customers. It is a way for you to diversify your selection of products to attract new customers to your location.

Discussion Topics and Questions

1. Imagine that you have been asked to present a plan that addresses how to train people whose culture does not have a tradition of eating out in family restaurants. How do you train them about family dining and drive-thru windows? What should be done about the shyness that people feel about ordering items that have names that they cannot pronounce? Where does one draw the line between changing the way potential customers think and changing the way that Burger World does things?

2. Although the case talks about how different the various regions of Brazil can be, are these differences really significant? Are there similar differences among regions in the United States (the Northeast, the South, the West Coast)? Is there no way to ignore those differences when dealing with fast food restaurants?

3. The American executive Terry Kahler observes that Brazilians do not like to be embarrassed. Discuss the possible implications that this observation has for American-Brazilian relations.

4. Comment on Paul Cluff's statement, "And also the drive-thru aspect just doesn't exist in Brazil. First of all, you do not have as many cars there. In the bigger cities, where the people do drive, it is already nutty getting around in cars. They are not going to know what a drive-thru is, what they are supposed to do "through" it. So I do not even think drive-thrus should exist, in my own opinion."

5. Several of the executives comment on the importance that Brazilians place on hygiene. How does this observation coincide with your impression of fast food restaurants? What implications or strategies does this suggest for Burger World?

6. How do you respond to André Medeiros's comment about the Brazilian equivalent to fast food, the outdoor stands where they sell the *bauru*? On one hand, there is the tradition, size, and price of the *bauru,* but how does this relate to the quality and hygiene that Brazilians also value?

7. What alternate strategies might Burger World pursue to offset the difficulties of the import taxes and their effects on the prices of the toys in the Buckaroo Meals?

8. Comment on James Riordan's observation that the most important thing that Burger World did was to tie into local community folk rather than spend more money on advertising.

Tópicos e Perguntas para Discutir

1. Suponha que você tenha que fazer uma apresentação do plano de treinamento para as pessoas que vão abrir uma nova loja numa região que até agora não tem muita tradição de restaurantes familiares. O que se pode fazer para divulgar o uso do *drive-thru?* O que se pode fazer para sobrepujar a sensação de timidez que as pessoas se sentem ao fazerem o pedido de comidas que tem nomes que não podem pronunciar. Como se estabelece o equilíbrio entre os ajustes no jeito que os futuros clientes pensam e os ajustes locais nos procedimentos da Burger World?

2. Apesar do fato que o caso fala muito das diferentes regiões do Brasil, você acha que essas diferenças são realmente importantes? Será que existem também essas diferenças nos Estados Unidos (e.g., o nordeste, o sul, e a costa do oeste)? Será que não tem uma maneira de ignorar essas diferenças quando se trata de restaurantes de comida rápida?

3. O executivo norte-americano Terry Kahler observa que os brasileiros não gostam de se sentir envergonhados. Discute as possíveis implicações que essa observação traz à relação entre norte-americanos e brasileiros.

4. Comente a colocação: "Também a idéia de um *drive-thru* não existe no Brasil. Em primeiro lugar não há tantos carros lá. As pessoas que dirigem nas cidades grandes já têm que enfrentar a loucura do tráfico. Eles não vão saber o que é um *drive-thru* e não vão saber o que fazer com ele. Então, na minha opinião, nem acho que deva existir *drive-thru*."

5. Alguns dos executivos comentam sobre a importância que os brasileiros dão a higiene. Como é que isso coincide com a sua idéia de restaurantes de comida rápida? Quais são as implicações ou estratégias que se aplicam a Burger World?

6. Qual é sua opinião do comentário do André Medeiros sobre o equivalente de comida rápida no Brasil, as barracas onde se vende Bauru? Por um lado existe a tradição, tamanho, e preço de Bauru, mas como é que isso se relaciona à questão de qualidade e higiene que os brasileiros também valorizam?

7. Dada a situação das taxas de importação, e considerando quanto que isso afeta o preço do brinde no *buckaroo meal,* que outras estratégias a Burger World poderia tentar para evitar essas dificuldades?

8. Comente sobre a observação de James Riordon que a coisa mais importante que a Burger World fez era de associar-se com pessoas locais de influência em vez de gastar mais dinheiro em propaganda.

4. Electro World

Company:	**ELECTRO WORLD**
Focus:	Manufacture of small electric appliances
Case Objective:	Working with fluctuating exchange rates
Cultural Conflict:	Coping with Brazilian business practices based on Brazil's experience with inflation and foreign currency

Empresa:	**ELECTRO WORLD**
Ênfase:	Eletrodomésticos pequenos
Objetivo do Caso:	Trabalhar com taxas flutuantes de câmbio
Conflito Cultural:	A experiência do brasileiro com a inflação e o câmbio

Introduction and Synopsis

Brazilians often comment that, although they never want to see a return of the hyperinflation that used to exist in Brazil, those years taught them how to work in adverse conditions. Making a profit during inflationary times was difficult, something that North Americans just do not understand because they have never lived through it. In this case Carlos Lacerda, the managing director of Electro World in Brazil, continues to utilize the tools that he learned during those inflationary years. Electro World is not really sure how to react to his practices. One of the executives who comments on the case, Terry Kahler, notes the difficulties that Americans working abroad have in getting sympathy from the home office, difficulties that are compounded if the employee is not an American. This case is also interesting because Electro World's domestic operations dominate their practices abroad (eighty percent of the plants worldwide are in the United States). Nearly all of the executives who make comments about this case, both American and Brazilian, praise Carlos Lacerda for his actions. At the same time, given Mr. Lacerda's level of frustration, it would not be surprising if he tried to find new employment in the near future. The resolution of the cultural conflict in this case depends on the ability of Electro World and Mr. Lacerda to work together, taking advantage of Electro World's stability and organization, on one hand, and Mr. Lacerda's knowledge of the local environment, on the other.

Introdução e Sinopse

O brasileiro comenta muito que embora não queira voltar para a hiperinflação que existia no Brasil, também acha que durante esses anos aprendeu a trabalhar em condições difíceis. Conseguir lucros durante essa época inflacionária foi difícil, algo que o norte-americano simplesmente não entende porque nunca teve que enfrentá-lo diretamente. Nesse caso, Carlos Lacerda, o gerente geral da Electro World no Brasil continua utilizando as ferramentas que ele aprendeu durante aqueles anos de inflação. A Electro World não sabe como deve reagir às práticas dele. Nota-se que Terry Kahler se identifica com ele, ele entende que todo americano em outro país tem dificuldades em receber cooperação da casa matriz, e é pior ainda se não for americano. Esse caso é interessante também porque as operações domésticas da Electro World controlam como tudo é feito (oitenta por cento das fábricas no mundo inteiro estão nos Estados Unidos). Quase todos os comentários dos executivos, tanto os americanos como os brasileiros, elogiam Carlos Lacerda pelas atividades dele. Ao mesmo tempo, entretanto, dado o nível de frustração do Sr. Lacerda, não seria inesperado se ele não procurasse um novo trabalho no futuro próximo. A solução do conflito cultural desse caso depende da habilidade da Electro World e de Larcerda de trabalharem juntos, aproveitando-se por um lado da estabilidade e organização da Electro World e por outro, do conhecimento do ambiente local por parte de Lacerda.

Case: Electro World

The dollar fluctuates in value against the euro, the pound, and the yen, but although these changes are significant, they do not change the daily transactions of American citizens at a direct, one-on-one level. Brazilians, however, have lived through thirty years of financial ups and downs, external debt, hyperinflation, and multiple changes in their national currency. Electro World, who specializes in small electric appliances, first entered Brazil in the mid-'70s, but it could not survive the hyperinflation of the '80s, so it suspended all operations in Brazil in 1985. In 1999 Electro World again entered Brazil.

Currently there are 125 Electro World manufacturing plants worldwide. The vast majority are in the United States (101), with a few in Europe (9), Asia (8), Africa (4), and Latin America (3), which includes one Brazilian plant in Porto Alegre. As these numbers suggest, American influence, style, and philosophy are present in every aspect of Electro World's operations.

Carlos Lacerda has been the managing director of the Brazilian plant since it was opened in 1999. He is originally from and studied in São Paulo. For nearly twenty-five years he worked in the auto industry, mainly for Ford Motor Company. Carlos has never actually lived in the United States, but he has traveled there on many occasions. He reads and speaks English fluently, and more importantly, he understands how Americans think. Electro World has done well in Brazil, but the economy has slowed things down quite a bit recently.

"Americans do not know how to manage in inflationary situations. They cannot handle changes in the currency." Carlos has repeated these phrases for what seems like a million times. To him, Americans are good planners, strategizers, and organizers. However, they have a tougher time with implementation because that is where theory runs smack dab into reality.

Two examples suffice: Electro World requires all plants to send payments to the home office monthly, on the fifteenth of each month. There are 125 plants worldwide, and every one of them sends the payment on the fifteenth—all except Brazil. A few months ago the home office received Carlos's payment on the twelfth. "So, Carlos, why did you send the payment early this month?" "Are you kidding, Andrew? Didn't you see what the dollar was worth yesterday? We saved thousands of reais by taking advantage of those exchange rates." A few months later, again everyone sends payment on the fifteenth—all except Brazil. "So, Carlos, why didn't you send the payment yesterday? It was due on the fifteenth, you know." "Are you crazy, Andrew? Didn't you see the exchange rate yesterday? It would have killed us to lose that many reais. Let's see how things look tomorrow." Of course it would be great to send the payment on the fifteenth of every month without having to worry about how much would be lost on the exchange with the dollar, but those losses and gains can be significant when sending large amounts. Carlos does not resent the Americans in the home office; he just wishes that they would understand how different things are in Brazil.

The second example is very similar. In the United States, when one makes a sale on an account receivable with a thirty-day term, all are willing to wait the thirty days for the payment from the sale. In Brazil, when one makes a sale and prepares an account receivable with a thirty-day term, instead of waiting thirty days, it is common to go to a bank that offers a *desconto de duplicata*. With, for example, a three percent fee, the bank gives you the money now, and then the bank collects the account receivable from the sale at the end of the thirty days. Over the years, because of inflation, exchange rates, and collection issues, the *desconto de duplicata* has become very common in Brazil. Consequently, it is only natural that Carlos would want to use a *desconto de duplicata* to take advantage of exchange rates. Brazilian managers frequently suffer significant losses because of unfavorable exchange rates. Why wait thirty days (and confront the insecurity of not knowing what the dollar will be like) when you could use a *desconto de duplicata* on the favorable rate today? Yes, you will lose three percent on the *desconto de duplicata*, but today's favorable rate more than counteracts that fee.

The home office in the United States does not understand why Carlos would want to "play around" with their money. Carlos laments, "They act as if I am trying to do something underhanded, illegal, or immoral. I am not. This is just how we do business here. It is how you have to do things in our economy." Clearly, the tendency is to ask the Brazilians to adapt to the US system of doing things. The Brazilians just do not understand why the Americans would be so short-sighted and rigid, especially when they could easily save money and avoid losses.

Caso: Electro World

O valor do dólar flutua em comparação ao euro, à libra esterlina, e ao yen; e apesar destas mudanças serem significativas, elas não afetam as operações diárias de todos os cidadões norte-americanos de uma forma individual e direta. Os brasileiros, entretanto, já agüentaram trinta anos de mudanças financeiras, dívida externa, hiperinflação, e várias mudanças da moeda nacional. A Electro World, que se especializa em eletrodomésticos pequenos, entrou no Brasil pela primeira vez nos anos 70, mas não sobreviveu à hiperinflação dos anos 80 quando suspendeu todas as operações no Brasil em 1985. Em 1999 a Electro World entrou outra vez no Brasil.

Atualmente há 125 fábricas da Electro World no mundo. A grande maioria está nos Estados Unidos (101), várias na Europa (9), Ásia (8), África (4), e América Latina (3), que inclui uma fábrica brasileira em Porto Alegre. Como se vê a partir desses números, a influência, a filosofia, e o estilo americanos estão presentes em todos os aspectos das operações da Electro World.

Carlos Lacerda tem servido como gerente geral da fábrica brasileira desde a abertura em 1999. Ele é de São Paulo e também estudou nesta cidade.

Durante quase vinte e cinco anos ele trabalhou na indústria automobilística, a maior parte do tempo para a Ford Motor Company. Até agora Carlos nunca morou nos Estados Unidos, mas ele já viajou para lá muitas vezes. Ele lê e fala inglês fluentemente, e o que é mais importante, entende como os americanos pensam. A Electro World tem desfrutado de muito sucesso no Brasil mas, com a economia atual, as coisas não andam tão bem agora.

"O americano não sabe lidar num âmbito inflacionário. Eles não agüentam as mudanças de moeda." Parece que Carlos já repetiu essa frase um milhão de vezes. Para ele, os americanos sabem planejar, estabelecer uma estratégia, e organizar, mas eles têm dificuldades com a implementação porque é aqui que a teoria bate diretamente na realidade.

Dois exemplos para ilustrar: A Electro World requer que todas as fábricas mandem o pagamento mensal à casa matriz no dia 15 de cada mês. Há 125 fábricas no mundo inteiro e todas elas mandam o pagamento no dia 15, todo mundo menos o Brasil. Há alguns meses atrás a casa matriz recebeu o pagamento do Carlos no dia 12. "Então Carlos, por quê você mandou o pagamento cedo esse mês?" "Andrew, você está brincando, não é? Você não viu o valor do dólar ontem? Poupamos milhares de reais ao aproveitarmos o câmbio." Uns meses mais tarde, todo mundo mandou o pagamento no dia 15, todo mundo menos o Brasil. "Então Carlos, por que você não mandou o pagamento ontem? Você sabe que era para pagar no dia 15." "Ô Andrew, você está louco. Você não viu a quanto estava o dólar ontem? Seria um crime perder tantos reais. Vamos ver a quanto estará amanhã." Claro, seria bom mandar o pagamento no dia 15 de cada mês sem ter que se preocupar com o quanto se perderia no câmbio do dólar, mas essas perdas e lucros podem ser significativos ao mandarem quantidades grandes. Carlos não culpa os americanos da casa matriz. É só que ele gostaria que eles entendessem como as coisas são diferentes no Brasil.

O segundo exemplo é parecido. Nos Estados Unidos, quando se faz uma venda com termos de trinta dias, todos estão dispostos a esperar os trinta dias para receber o pagamento resultante da venda. No Brasil, quando se faz uma venda com termos de 30 dias, em vez de esperar os trinta dias é comum ir ao banco onde eles oferecem um "desconto de duplicata". Com, por exemplo, uma quota de três por cento, o banco lhe dá o dinheiro agora e depois, ao final dos trinta dias, o banco recolhe o dinheiro. Com o passar dos anos, por causa da inflação, o câmbio, e questões de coleta, o desconto de duplicata chegou a ser muito comum no Brasil. Consequentemente, é natural que Carlos queira utilizar o desconto de duplicata para aproveitar do câmbio. Para que esperar trinta dias (e enfrentar a incertidão de não saber qual será o valor do dólar), quando você poderia usar o desconto de duplicata num dia que tem um câmbio favorável? Claro, você vai ter que gastar três por cento para o desconto de duplicata, mas o câmbio favorável de hoje mais do que cobre esse custo.

A casa matriz nos Estados Unidos não entende por que Carlos quer "brincar" com o dinheiro deles. Carlos lamenta, "eles reagem como se eu estivesse fazendo alguma coisa escondida, ilegal, ou imoral. Não é assim. É assim que a gente faz negócios aqui. É assim que a gente tem que fazer as coisas em nossa economia." Com toda certeza a tendência é a de pedir que os brasileiros adaptem o sistema americano para as operações. Os brasileiros não entendem por que os americanos são tão míopes e rígidos, especialmente quando eles poderiam poupar tanto dinheiro e evitar tantos prejuízos.

Comments from North American Executives
Terry Kahler

Electro World is a great example of a typical day in Brazil. It is not only typical, but it also hits close to home. Every expatriated American in Brazil who has ever run a multinational business will tell you that getting sympathy from the mother ship is almost impossible in these kinds of issues. The main thing to note here is that Brazilian society is highly adaptable. If you go across time and look at history, they adapt very well to changes in government, to changes in currency, and to inflation, and they know when to buy, when not to buy, when to invest, and when not to invest in these particular currency and economic situations. What is absolutely key in this example is that Carlos was really using his savvy and his local knowledge to get around the issues of the effects of fluctuations and changes in the economy. On the other hand, the Americans were more interested in process and timeliness than in really maximizing the investment. So I really applaud Carlos for what he did in this example. The one thing to note is that things are different in Brazil. Brazil is a different society. It has a different economic base. It does have different principles and rules, and people really need to understand that when they invest in these types of countries. Some of the tools that are available there, a lot of Americans do not realize and do not know about. It is really important to understand what these financial tools are and to meet frequently with your financial institutions in order to better understand which tools are good for your business and which ones are not. My recommendation here is to continue with Carlos and his savvy and really try to find someone in your business, either someone who is local or somebody who has had experience in a macroeconomic environment, who really understands the in-country issues and understands how to deal with these, and who has a great deal of experience in that type of market. The use of hedge contracts and other effects-related tools is very important and is a must for international companies. If you do not have that kind of protection, then you will, more than likely, fail in your business. This is really key to survival. If you really want your business to be there long-term, you must have those kinds of tools, and you must have that kind of knowledge. Americans do not understand this. Our currency does not fluctuate. Dollars are always the same. We rarely have double-digit inflation. We rarely have double-digit anything, including interest rates, and now in Brazil you will find that every one of the indicators is going to be in double digits. So Americans do not understand it. They do not sympathize with it. It is a fact of life, and something you have to deal with.

A Electro World é um ótimo exemplo de um dia típico no Brasil. Não é só um dia típico mas eu também me identifico com ele. Todo americano que trabalha no Brasil, que já dirigiu uma multinacional vai te dizer que é quase impossível receber cooperação da casa matriz nessas situações. O mais importante de notar aqui é que a sociedade brasileira é muito flexível. Se você olhar para o passado e a história, eles se adaptam muito bem às mudanças de governo, moeda, inflação, e sabem quando devem e não devem comprar e quando devem e não devem investir dependendo da situação monetária e econômica. O que é absolutamente chave nesse exemplo é que o Carlos estava sendo bem esperto e usava o conhecimento local dele para dar um jeito nos problemas de flutuações de efeito e nas mudanças na economia. Por outro lado, os americanos estavam mais interessados no processo e em ser pontuais do que em maximizar o investimento. Então eu dou os parabéns para o Carlos por tudo que ele fez nesse exemplo. Uma coisa para notar é que as coisas são diferentes no Brasil. O Brasil é uma sociedade diferente. Ele tem uma base econômica diferente. Ele tem princípios e regras diferentes e as pessoas que investem nesse tipo de país precisam entender isso. Muitos americanos não vão saber nem conhecer algumas das ferramentas que existem lá. É muito importante entender quais são essas ferramentas financeiras e se reunir com muita freqüência com suas instituições financeiras para entender melhor que ferramentas são boas para sua companhia e quais não são. Minha sugestão aqui é a de continuar com Carlos e sua habilidade e de realmente tentar achar alguém em sua companhia, ou alguém local ou alguém que tenha experiência num ambiente macro-econômico para que eles possam entender as questões do país e entender como lidar com elas e ter muita experiência naquele tipo de mercado. O uso de contratos de salvaguarda e outras ferramentas de efeitos é muito importante e essencial para toda empresa internacional. Se você não tiver esse tipo de proteção, é bem provável que falhe no negócio. Essa é a chave para sobreviver. Se você realmente quiser um negócio de longo prazo, tem que ter esses tipos de ferramentas e tem que ter esse tipo de conhecimento. O americano não entende isso. Nossa moeda não flutua. O dólar é sempre igual. Raramente temos inflação acima de nove por cento. Quase não tem nada acima de 9%, nem mesmo taxa de juros e no Brasil você vai ver que todos os indicadores são acima de nove por cento. Então, o americano não aprecia isso. Ele não sabe de onde vem. É um fato da vida e alguma coisa que tem que lidar.

Paul Cluff

Electro World: Carlos definitely is not in a unique situation. Most companies that started in Brazil back in the '70s and the '80s went through this period, and a lot had to bug out of Brazil after the hyperinflation. And so for this company, Electro World, to come back to Brazil is pretty brave. I think all companies probably need to if you want to have an international flavor. But at the same time, they have 101 out of their 125 companies or plants still in the US, so obviously they are giving off an aura that they are truly an American corporation. But to work in an international field, you want the international field to know that you are not purely an American corporation. You cannot set a regulation throughout the whole world, and you cannot put laws down that apply to all of the world—all of your plants throughout the world. And when we are talking about exchange rates, if you are going to have people reporting on certain days, you have to be aware that exchange rate losses and gains are going to be different on different days throughout the month. So you cannot expect a day for all of the international locations to report. And when I worked down in Brazil in our company, we had an experience where, even though it was not the hyperinflation, still inflation was bad in the last few years, and the financial manager had to hedge all the time. And there are short-term hedges so that they can still meet deadlines, so he had to do something similar to what Carlos did here. The only difference is that our manager communicated very well in reports and supported his decision and planned ahead and talked with these American managers, and planned together, budgeted together, so that they could understand why he had to hedge. And I think there was a communication gap here where Carlos did not tell them why and thus had to continually tell them after the fact why he made that decision. And the word that keeps coming to mind when I see experiences like this is *jeitinho*—a word in Portuguese meaning that we can get around it anyway, just make sure that the business still happens, and we will just do it our way to make sure it happens. And that is a sound business judgment in Brazil, but in the US it would be considered very risky.

Com toda certeza Carlos se encontrava numa situação comum na Electro World. Muitas empresas que entraram no Brasil nos anos 70 e 80 passaram por uma fase igual e por causa da hiperinflação tiveram que abandonar tudo no Brasil. Então o fato de a Electro World ter decidido voltar demonstra muita coragem. Acho que todas as empresas precisam fazer igual se quiserem ser internacionais. Mas, ao mesmo tempo, 101 das 125 fábricas ainda se localizam dentro dos Estados Unidos e isso realmente cria a impressão de ser uma empresa americana. Agora, se alguém quiser trabalhar num ambiente internacional, este vai querer que todos saibam que a empresa não é somente americana. Não se pode implementar os mesmos procedimentos no mundo inteiro ou impôr as mesmas regras em todas as fábricas do mundo inteiro. E se falarmos do câmbio, se houverem pessoas que mandam dinheiro em dias diferentes, você vai ter que reconhecer que as perdas e lucros vão ser diferentes de um dia para o outro nos vários dias durante o mês. Então, não se pode esperar que todas as pessoas nos vários lugares do mundo mandem os relatórios no mesmo dia. Quando eu estava trabalhando para nossa empresa no Brasil tivemos uma experiência em que não era nem hiperinflação mas mesmo assim a inflação era alta. O nosso gerente financeiro tinha que rever os contratos de salvaguarda o tempo todo. Existem vários programas de proteção de curto prazo para poder entregar o dinheiro num período estipulado. Então ele fazia muita coisa como Carlos fazia. A única diferença é que o nosso gerente comunicava tudo isso nos relatórios dele, explicava a decisão dele, planejava com antecedência, e falava com os gerentes americanos. Eles planejavam juntos, prepararam o orçamento juntos, e assim todos entendiam o motivo dos contratos de salvaguarda. Aqui com o Carlos, acho que existia uma falta de comunicação. Continuamente Carlos teve que voltar e justificar o motivo das decisões dele. E quando vejo coisas como essas, a palavra que vem à cabeça é "jeitinho". É uma palavra em português que significa que a gente tem que arranjar uma outra solução, certificar que o negócio continue, ou fazê-lo de outra maneira para poder continuar. Claro que tem risco nisso no Brasil, mas com toda certeza no Brasil é assim que se faz os negócios, mesmo que nos Estados Unidos pareça ser um grande risco.

Walter T. Atkinson

Electro World was a very interesting case study, and although my recap will not exactly follow the case, I can tell you that from the starting point, with customers down there in Brazil, when we were shipping air cargo down there, one of the problems we had was getting our money out of the country. So what we initially thought we were going to do was to make everybody prepay out of the US, shipping product down into Brazil. Well, the problem was that that offended the people in Brazil greatly. "Don't you trust us?" You know, "Our money is good." Well, we continued to work on a freight-collect basis down there, and when the cargo got down into there, we would be paid. The only problem was that we could not repatriate the money out of the country back into the US. And we had money accumulating down there. This was over months and months. And we could not get it out. And I had an old friend who used to work for Pan Am, who had worked down there, who tried to help me get the money out of the country. And it took months and months. We finally convinced the government down there, why don't we take this money and put it into an account, so we could pay for all of the fuel that we bought out of São Paulo Airport on 757 freighters—jets—bringing the aircraft back into the US. They finally allowed us to use our US dollars that we had down in Brazil to pay for the fuel. The only problem was, all that money we were accumulating down there went into a Brazilian bank, and there was no interest—it was non-interest-bearing—and we did not earn any interest on our money. We tried everything to get the money out of the country. We even tried to pay our American Express bills out of Brazil—send our money up to New York and pay our American Express bills for all of our travels, just to use up that money. And it was not until there were some government changes, and we actually hired a solid station manager down there who really knew his way around the banking area, that we were able to start getting the money out of the country. But we could not offend the customers, mainly because the customers had the money. They paid their bills on time. And they did not want us doing the things that we were doing in the United States. And it was an interesting time in my life, to try to find out, you know, how you get money out of a country when the country is able to pay, your customers are paying, but you cannot get your money out of the country because the government will not let you.

A Electro World foi um caso muito interessante e embora os meus comentários não vão seguir o caso, posso te dizer que com os clientes que tivemos lá no Brasil, quando trabalhava no transporte de carga aérea, um dos problemas que tivemos foi como tirar o dinheiro do país. Então, o que pensamos inicialmente é que pediríamos para que todo mundo fizesse um pré-pago nos Estados Unidos para os produtos que transportamos para o Brasil. Bom, o problema com isso é que ofendeu demais as pessoas no Brasil. "Você não confia na gente?" Sabe, coisas do tipo: "O nosso dinheiro é bom." Então, continuamos o transporte com pagamento a prazo e quando a carga chegava lá eles nos pagavam. O único problema foi que não podíamos tirar o dinheiro do país e levá-lo de volta para os Estados Unidos. E o dinheiro ficou acumulando lá. E isso continuou durante meses. A gente não podia tirar o dinheiro de lá. Eu tive um amigo lá, que trabalhava antes para Pan Am e que tentou me ajudar para poder tirar o dinheiro do país. Tentamos meses e meses. Finalmente convencemos o governo de lá que nós poderíamos pegar esse dinheiro e guardá-lo numa conta para poder pagar pelo combustível que a gente comprava em São Paulo para os 757, os aviões que voltavam para os Estados Unidos. O único problema foi que todo aquele dinheiro que estávamos acumulando foi depositado num banco brasileiro numa conta sem juros, nós não ganhávamos juros em nosso dinheiro. Nós tentamos tudo para tirar o dinheiro do país. A gente até tentou pagar as contas com o American Express, usando o dinheiro do Brasil para as despesas de viagem, tudo para usar aquele dinheiro. E só conseguimos finalmente tirar o dinheiro do país depois de algumas mudanças no governo e quando empregamos um gerente de operações permanente que entendia muito bem o sistema bancário. Mas a gente não podia ofender os clientes, principalmente porque eram eles que tinham o dinheiro. Eles pagavam as contas a tempo. E eles não queriam que nós fizéssemos o que fazíamos nos Estados Unidos. Foi uma época muito interessante em minha vida, essa de tentar conseguir tirar o dinheiro do país quando os clientes pagavam sem problema mas você não podia tirar o dinheiro do país porque o governo não deixava.

Comments from Brazilian Executives
Fábio Martínez

O caso Electro World para mim é um caso bastante típico de entender a economia brasileira. Em primeiro lugar este está falando de uma empresa que já havia sido estabelecida no Brasil antes na década de 70. E ela fechou suas operações em 85. Isso é um sinal, isso pode indicar duas coisas. Uma: houve uma crise muito grande e não só ela como outras empresas saíram do Brasil. Porém, isso também pode indicar que no final eles não conseguiam entender o mercado brasileiro. E em 99 eles resolveram tentar uma segunda iniciativa no Brasil. E eles contrataram um executivo brasileiro, que é o Carlos Lacerda, para que fosse o responsável pela empresa. Aí começa o principal ponto desse caso que é como lidar com os juros no Brasil. Por incrível que pareça, o Brasil teve na década de, final da década de 80, início da década de 90, meses com juros mensais de oitenta por cento. Tinha época em que que você aplicava em aplicações que rendiam três por cento ao dia. Ou seja, isso é uma coisa inimaginável para o mercado americano. Então, isso fez com que Carlos, tentando ser o mais honesto e vendo o lado da empresa, tentasse pagar as remessas de dinheiro mensais na melhor data possível, e não na data exatamente estabelecida pela empresa, porque a empresa poderia perder dinheiro em cima dessa data. E aí mostra como os americanos não conseguiram entender esse ponto. A empresa tem 125 operações mundialmente, sendo que apenas 3 estão na América Latina. E todas as plantas mandam o dinheiro mensal na data estipulada e só o Brasil não. Ou seja, a visão pura do americano era: "por quê só esse país Brasil não consegue fazer isso"? E na realidade tem muito a ver com como todo o sistema financeiro estava mal estruturado no Brasil e como o executivo, procurando estabelecer o melhor para a empresa, tentava, vamos dizer assim, driblar essa ordem de mandar o dinheiro dia 15 para que a empresa fosse beneficiada. E no final ela não estava entendendo isso.

The case of Electro World for me was a very typical case in understanding the Brazilian economy. In the first place, it is a company that had already established itself in Brazil in the 1970s. Then it closed operations in 1985. This is a sign of one of two possibilities. First, there was a very large crisis, and not only this company but others also left Brazil. However, this could also indicate that in the end they really did not understand the Brazilian market. In 1999 they decided to make a second attempt in Brazil. They contracted a Brazilian executive, this Carlos Lacerda, so that he could be responsible for the company. Now this is where the main point of the case comes out, and it is that of dealing with interest rates in Brazil. As incredible as it may seem, in the 1980s and even into the 1990s Brazil went through a period of monthly interest rates of eighty percent. There was a time when there were daily charges, daily charges of three percent. That is to say, this is something that you just cannot imagine in the American market. So all of this caused Carlos to try to be honest and to see things from the company's angle. He was trying to make monthly payments on the best possible date—not really the exact date that the company had established, but that was because the company would have lost money on that date. And so you see how the Americans just could not understand this point. The company has 125 operations worldwide and only

3 in Latin America. Every one of the plants sends the monthly payment on the date stipulated, and Brazil is the only one that does not. That is to say, from a purely American perspective, why would Brazil be the only country that could not do it? And the reality is that it had a lot to do with the fact that the financial system in Brazil is poorly structured, and an executive who was trying to do the best for the company was trying—why don't we say it this way: he was dancing around this requirement to send the money on the fifteenth so that the company could benefit (from the exchange rate). In the end, the company just did not understand that.

André Medeiros

Esse é um caso tradicional no Brasil, a questão do câmbio. O câmbio varia muito no Brasil e pode impactar muito o teu resultado mensal o teu resultado anual. Nesse caso, eu tive uma experiência muito parecida na TV por assinatura onde nossos recursos eram trinta por cento em dólar. Aqui, quando o dólar dispara, os teus custos aumentam proporcionalmente. E o que acontece aqui é que tu tens que replanejar todo o teu orçamento, todas as tuas iniciativas, tem que replanejar todo o ano de novo. E isso toma tempo, toma esforço. E se a empresa não é flexível suficiente para fazer isso, ela não vai sobreviver. Tu vais ter que reduzir dependendo do investimento. Tu vais ter que realocar recursos. Tu vais ter que demitir. Até a indústria pode virar de uma hora para outra em cinco dias, dependendo do fluxo no câmbio. Em 99 o dólar passou de 1,20 para 2 e pouco no Brasil. Muitas empresas tiveram que renegociar o contrato. Tiveram que parar de pagar fornecedor. É muito difícil. Então se tu não tens a flexibilidade, tu não vais conseguir trabalhar nesse meio. Quando o dólar desvaloriza e a moeda local valoriza, todo mundo tem um pouco de vantagem, de montar um porãozinho, que eles chamam, botar uma reserva para quando o dólar subir de novo tu poder queimar essa reserva sem influenciar o resultado no final do ano. Então eu acho que esse caso é típico, e sem flexibilidade num país que tenha um câmbio variável, não funciona.

This case presents a traditional situation in Brazil, that of exchange rates. Exchange rates vary a lot in Brazil, and they can really affect your monthly or annual earnings. In a similar case, I had an experience related to television subscriptions where thirty percent of our resources were in dollars. As in this case, when the dollar takes off, your costs increase proportionally. And what happens then is that you have to redo your budgets and initiatives all over again. You have got to redo plans for the whole year again. And this takes time, and it takes effort. And if a company is not flexible enough to do this, it will not survive. Depending on your investment, you will have to reduce things. You will have to reallocate resources. You will have to downsize. The whole industry can change from one hour to the next, in a matter of days, all depending on changes in the exchange rate. In Brazil in 1999 the dollar went from 1.20 to a little more than 2. A lot of companies had to renegotiate their contracts. They had to stop paying suppliers. It is really difficult. So if you are not flexible, you will not be able to work in this environment. When the value of the dollar goes down, the local currency goes up, and everyone takes advantage of the moment to save a little extra, and build up some reserves for when the dollar goes up again. Then you can draw from this reserve and have it not affect your end-of-year earnings. So I think that this case is pretty typical, and without flexibility, things do not work in a country that has variable exchange rates.

Senichiro Koshio

Nós brasileiros temos tido uma convivência com a alta taxa de inflação e a volatilidade, alta volatilidade de câmbio, a taxa de câmbio. E temos elaborado soluções para enfrentar essa situação. Para que? Para não perder dinheiro. Se a gente deixar a empresa andar sem enfrentar essas duas variáveis básicas de economia perdemos muito dinheiro. Então, para o financeiro, gerente financeiro faz parte da capacidade, faz parte da habilidade dele de saber lidar com isso. E deixar de ganhar dinheiro, perder dinheiro por causa de uma política imposta da matriz é extremamente frustrante. Agora, mas, o que acontece no caso de uma empresa multinacional que tenha matriz nos Estados Unidos também não pode deixar com que a filial brasileira siga uma regra diferente de todas as outras unidades. Então, acaba tendo um certo conflito entre os dois raciocínios, as duas formas de administrar e aí tem que encontrar uma solução. É uma questão difícil, mas minha sugestão nesse caso é que tem que prevalecer a regra da matriz. A filial tem que obedecer, e deve fazer com que o gerente, ou o gerente financeiro da unidade brasileira consiga respeitar, consiga entender essas necessidades de seguir a regra da matriz. É frustrante sem dúvida para o diretor ou o gerente financeiro local, mas sendo uma empresa multinacional não tem outra alternativa. Mas também tem o ponto importante que é o seguinte: a matriz tem que estar ciente que pode estar perdendo muito dinheiro seguindo a regra da matriz e não deixando a unidade local seguir sua prática local, que é na verdade importante também.

We Brazilians have had to live with high inflation rates and high volatility in exchange rates. And we have had to create solutions to confront this situation.

Why? To not lose money. If we just let a company go on without confronting these two basic economic variables, we lose money. So for someone in finance, part of a financial person's ability is to be able to handle this. And to not earn money—to lose money—because of a policy that has been imposed by the home office is extremely frustrating. Now, but what happens in the case of a multinational company that has a home office in the United States is that it also cannot allow the Brazilian branch to follow its own rules—rules that would be different from all the other units. So you end up having a certain conflict because of the two philosophies, or the two different administrative styles, and so you have to find a solution. It is a difficult issue, but my suggestion in this case is that the home office rules have to take precedence. The branch has to obey and has to make sure that the manager or the financial manager of the Brazilian unit respects or understands the importance of following the home office's rules. Without a doubt, the director or financial manager will find this frustrating, but because it is a multinational company, there is no other alternative. But there is also an important point, which is the following: the home office has to be aware that they could be losing a lot of money by following the home office's rules, and by not allowing the local unit to follow local practices—which, to tell you the truth, are important too.

Discussion Topics and Questions

1. In your opinion, what are some possible solutions to help Electro World and Carlos Lacerda to improve the way that they work together? Paul Cluff suggests that the problem is more a matter of communication. Do you agree? Can you suggest ways for Electro World and Carlos Lacerda to communicate better?

2. What is your opinion of Electro World's policy to have all locations send payments on the same date? Do you agree with Carlos Lacerda's practice of utilizing a scheme such as the *desconto de duplicata* as a hedge? What changes could you suggest? Advise Carlos Lacerda on the approach that he should use.

3. Do you agree with Carlos Lacerda's observation, echoed by all of the Brazilian executives, that Americans do not know how to manage in inflationary situations and cannot handle changes in the currency?

4. What data would you find useful for analyzing the effectiveness of Mr. Lacerda's practices? Should Electro World even be concerned with these data, or

would collecting the data send the wrong signal to Carlos Lacerda, as well as to the other international manufacturing plants?

5. What is your opinion of Terry Kahler's recommendation that Electro World continue to rely on Mr. Lacerda's savvy, taking advantage of his in-country experience?

6. In what ways does Walter T. Atkinson's story about getting US dollars out of Brazil relate to the case of Electro World? How might knowledge of Mr. Atkinson's experience in shipping air cargo to Brazil help out in the case of Electro World?

7. André Medeiros talks about the importance of being flexible when dealing with exchange rates. How does one balance the need to be flexible with the need for structure and organization?

Tópicos e Perguntas para Discutir

1. Em sua opinião, quais são algumas das soluções possíveis para ajudar a Electro World e o Carlos Lacerda a melhorar na forma em que trabalham juntos? Paul Cluff acha que o problema é mais uma falta de comunicação. Você concorda? Você poderia oferecer alguma sugestão de como a Electro World e o Carlos Lacerda poderiam se comunicar melhor?

2. Qual é sua opinião sobre a política da Electro World de todas as sucursais mandarem o pagamento no mesmo dia? Você está de acordo com a prática de Carlos Lacerda de utilizar uma salvaguarda como o desconto de duplicata? Você poderia oferecer alguma mudança? Aconselhe Carlos Lacerda do procedimento que deve seguir.

3. Você está de acordo com a observação de Carlos Lacerda, e aliás de todos os executivos brasileiros, que o americano não sabe lidar num âmbito inflacionário e que ele não agüenta as mudanças de moeda?

4. Que tipo de dados seriam úteis na análise da eficiência das práticas de Carlos Lacerda? Seria apropriado que a Electro World se preocupasse com esses dados ou será que isso daria a idéia errada para Carlos Lacerda e para as outras fábricas fora dos Estados Unidos?

5. Qual é sua opinião sobre a recomendação de Terry Kahler de a Electro World continuar com a habilidade de Lacerda e aproveitar do conhecimento local dele?

6. De que forma o relato de Walter T. Atkinson sobre a dificuldade que teve em tirar os dólares americanos do Brasil se relaciona ao caso da Electro World? Suponhamos que você soubesse da experiência de Atkinson e o transporte de carga aérea ao Brasil, como é que o conhecimento disso teria ajudado no caso da Electro World?

7. André Medeiros fala da importância de ser flexível ao se lidar com a questão de câmbio. Como é que se chega a um equilíbrio entre a necessidade de ser flexível por um lado e a necessidade de manter a estrutura e organização pelo outro?

5. Petro Fibras

Company:	**PETRO FIBRAS, ALL-WORLD OIL**
Focus:	Derivation of fiber products from petroleum
Case Objective:	Adhering to laws and working with unions
Cultural Conflict:	Dealing with human resources programs, benefits, and labor law

Empresa:	**PETRO FIBRAS, ALL-WORLD OIL**
Ênfase:	Produtos de fibras derivados de petróleo
Objetivo do Caso:	Obediência às leis e a interação com sindicatos
Conflito Cultural:	Programas de Recursos Humanos, benefícios, e leis trabalhistas

Introduction and Synopsis

In this case Renan Zettu's German roots and southern Brazilian background help create a whole new image of Brazilian professionals. His discussion of employee benefits, human resources (HR) policy, and union activities also paints a new image of Brazilian companies. All of the executives' comments touch on the difference between workers' unions and company unions. All address the relative complexity of the system as well as the importance of finding local assistance when wading through the structure. This case also introduces various profit-sharing and benefits strategies that have been used by North American and Brazilian companies. As Paul Cluff observes, profit sharing in the United States is focused on the long term, while in his opinion Brazilian employees want the kinds of benefits that they can see in their hands, like the *vale transporte* and the *vale refeição*.

Introdução e Sinopse

Nesse caso, a descendência alemã de Renan Zettu e o fato que ele vem do sul do Brasil ajudaram a criar uma imagem totalmente nova de profissionais brasileiros. Sua discussão sobre os benefícios para os funcionários, a política de Recursos Humanos e as atividades do sindicato, também delineam uma imagem nova das companhias brasileiras. Todos os comentários dos executivos tocam na diferença entre os sindicatos de trabalhadores e os sindicatos patronais. Todos tocam na relativa complexidade do sistema assim como na importância de encontrar auxílio local para lidar com a estrutura. Este caso também introduz as diferenças em participação de lucros e nas estratégias de benefícios que foram usadas por empresas americanas e brasileiras. Como Paul Cluff observa, o foco de participação de lucros nos EUA é a longo prazo, mas ele acha que os funcionários brasileiros querem os tipos de benefícios mais imediatos, como o vale transporte e o vale refeição.

Case: Petro Fibras

Renan Zettu, fifty-six years old, is the general financial manager at Petro Fibras, one of the chemical branches of All-World Oil. Renan is one of those Brazilians who just does not look like the Americans' mental picture of what a Brazilian should look like. Of course, part of this is because Renan is from Santa Catarina, where German influence has resulted in some very distinguished-looking blonds with blue eyes like Paul Newman's. Renan's English is not totally polished, but he speaks well and easily carries on a conversation. Renan, who always has a quick story, recalls, "The first time I ever went to Houston, years ago, I was real nervous about my English, and I said at my first meeting, 'I apologize for my bad English.' To this my American counterpart responded, 'That's OK, Mr. Zettu, my Spanish isn't very good either.'" Most Brazilians would be happy if Americans knew only two facts about Brazil: Buenos Aires is *not* the capital of Brazil, and Spanish is *not* the language of Brazilians.

The first thing you notice when entering the building where Renan's office is located are signs at every doorway that say, "Please look both ways before leaving this office and entering this hallway." No, it is not a particularly dangerous office building, but recently there was an accident at the plant, an accident that broke a string of 957 days without one. So everyone is focusing on increased "accident awareness." It is a nice touch and one for which Human Resources can be proud. Or maybe it is the Worker's Union that came up with the idea. Or maybe it is the Company Union that deserves the credit. The fact is that, in Brazil, the lines between human resources and unions do not always coincide with North American definitions. And the concept of unions is also different.

With a sparkle in those blue eyes, Renan jokes, "Do you know how to really scare an American? Say the word *union*." The word for "union" in Portuguese is *sindicato*, but that is only the half of it. In Brazil you will hear about a *sindicato dos trabalhadores* (workers' union) and a *sindicato patronal* (company union). The workers' union is similar to what Americans think of when they hear the word *union*. In addition, the Brazilian government mandates the formation of company unions that are made up of representatives from similar companies. For example, instead of having the pilots, flight attendants, and mechanics deal exclusively with the airline for which they are employed (e.g., American, Delta, Continental), they would deal with the *sindicato patronal* for all airlines (a company union made up of representatives from each of the various airlines). Renan himself has been the Petro Fibras representative and has even served as the president of the petrochemical company union of Santa Catarina. The role of a workers' union in Brazil is to represent the interests of the employees of a given industry before the company union, which is the union of the companies within a given industry. That is to say, the workers' unions represent and negotiate collective work agreements with the company unions. The company unions represent the interests of the companies in a given industry, not just before the employees in the annual negotiation of the collective workers' agreement, but also before governmental institutions and politicians.

Renan realizes that most North Americans do not understand the difference between the two types of unions. Another thing that they do not understand is Brazilian adherence to some laws and not to others. In Brazil, one hears, *"Há leis que pegam e leis que não pegam."* A possible English translation would be something like, "There are some laws that stick and some that do not." There are some laws that exist officially on paper, but nobody pays attention to them. This is not just a Brazilian phenomenon. Americans also choose which laws to enforce and which ones to ignore. For example, many public parks have laws forbidding the consumption of alcohol. It does not take much imagination to figure out that the person who has the alcohol in the brown bag is not planning on taking it home. However, consumers and police alike pretend that those containers really are closed up inside the bags. Some laws just do not stick.

One of the laws that does not stick in the fiber industry in which Renan works is the one that requires companies to prepare a statement called *lucros de resultado,* or earnings results. To begin with, there is no specific penalty for those who do not prepare the statement. The company does not really worry much about the statement. The workers' union does not want to force the issue because chances are that the statement will not provide any evidence to strengthen any of their positions. The Americans who visit with Renan find it strange that there is a general disregard for the *lucros de resultado*, but then some laws just do not stick.

At the same time, these same American visitors are amazed that some procedures in Brazil can be taken care of with much less red tape than is required in the United States. Just last week Renan received a visit from an American who wanted to know how it was that Renan was able to develop new products so quickly. Among all the company's plants around the world, Brazil seems to get the fastest jump on trying out new products. Renan was not really sure how to answer his visitor's question: "Well, somebody suggests that if we make a certain product a little differently, we will be able to have a distinctive product. So I say, let's try it." The American lamented that he could never do it that way in the United States. "No, we have to test it in the lab first, then pass it on to the costs department to assess pricing, etcetera, and by the time we get back to the client, we've lost the opportunity. I'd love to do it like you do here in Brazil."

It is ironic that these visitors wished that they could do things more like the Brazilians because there are times when Renan wishes that the Americans would let him do things in a more Brazilian way. For example, when it comes to profit sharing, the company divides it in thirds: one third from corporate profits, one third from local profits, and one third from division profits. In Brazil the problem is that employees just do not relate to the corporate level. It is too far removed from their concerns. Local employees are more worried about the *vale transporte* (a bus pass that many trade like money), the *vale refeição* (a lunch ticket that can be used at restaurants all over town), and the *décimo terceiro* (the Christmas bonus). " 'Please let us take care of the local issues,' " begs Renan, "but the Americans think that if it works there, it should work here. They just do not understand why the *vale refeição* would be very important." Similarly, recently the company unions agreed to an annual cost-of-living salary increase of 19.3 percent. The Americans were shocked to hear about it. "Was that mandatory?" they asked. "No, but if we had not done it, there would have been problems with the workers' unions." Renan adds that Americans just do not understand this issue.

At the same time, Renan is quick to add that he greatly admires the Americans he works with. "What an incredible country. They are so self-sufficient and have such a vision. They are truly amazing . . . and they are learning more about culture." With that, Renan had one more story to tell. "I was truly embarrassed, but recently I was in Atlanta to attend a workshop, and while there, I was not thinking and gave a number of ladies a kiss on the cheek when greeting them. I then remembered that I should not do that in the United States, but to my surprise the women did not seem taken aback. Then I found out that these women had received training to not feel surprised if some uninformed Brazilian tried to kiss them on the cheek. And I turned out to be that uninformed Brazilian. I was so embarrassed."

Caso: Petro Fibras

Renan Zettu, cinqüenta e seis anos, é gerente administrativo financeiro da Petro Fibras, uma das sucursais de química da All World Oil. Renan é um desses brasileiros que simplesmente não se parece com a imagem que os americanos têm de como o brasileiro deve ser. Claro, uma boa parte disso vem do fato que Renan é de Santa Catarina onde a influência alemã resultou em alguns loiros bem distinguidos, esses que têm olhos azuis iguais aos de Paul Newman. O inglês de Renan não é cem por cento, mas ele fala bem e pode conversar em inglês com facilidade. Sobre a língua, Renan, que sempre tem uma anedota para contar, lembra, "A primeira vez que eu fui para Houston, anos atrás, eu estava muito nervoso sobre o meu inglês e eu disse durante minha primeira reunião, 'Desculpe pelo meu inglês ruim.' Daí o companheiro americano respondeu, 'Não tem problema Sr. Zettu, o meu espanhol também não é muito bom.'" Se o americano soubesse só dois fatos sobre o Brasil, o brasileiro ficaria contente: Buenos Aires não é a capital do Brasil e o espanhol não é a língua dos brasileiros.

A primeira coisa que se nota ao entrar no edifício do escritório de Renan é que há cartazes em frente de todas as portas que dizem, "Favor olhar para os dois lados antes de sair desse escritório." Não, não é que o edifício do escritório seja perigoso, mas a semana passada houve um acidente na fábrica que interrompeu uma sequência de 957 dias sem acidentes. Então, todo mundo está enfatizando "vigilância contra acidentes". Era um toque especial do qual o recursos humanos pode se orgulhar. Ou talvez seja o sindicato dos trabalhadores que inventou a idéia. Ou talvez seja o sindicato patronal que merece o crédito. O fato é que no Brasil, a diferença entre recursos humanos e os sindicatos nem sempre coincide com a definição dos norte-americanos. Até a idéia do que é um sindicato é diferente também.

Com aqueles olhos azuis brilhando, Renan brinca, "Você sabe espantar um americano? É só repetir a palavra 'sindicato'." A palavra *union* em português é 'sindicato' mas isso não descreve a diferença. No Brasil existe o sindicato de trabalhadores *(workers' union)* e o sindicato patronal *(com-*

pany union). O sindicato de trabalhadores é parecido ao que os americanos pensam quando ouvem a palavra sindicato. Ao mesmo tempo, entretanto, o governo brasileiro requer a formação de sindicatos patronais que se compõe de representantes de empresas do mesmo tipo. Por exemplo, em vez de ter pilotos, tripulações, e mecânicos que tratam exclusivamente com a linha aérea em que trabalham (e.g., American, Delta, Continental), essas pessoas tratariam com o sindicato patronal que representa todas as linhas aéreas (um sindicato patronal que se compõe de representantes das diferentes linhas aéreas). Renan mesmo já serviu como representante da Petro Fibras e até serviu como presidente do sindicato patronal de petroquímicos de Santa Catarina. O papel do sindicato dos trabalhadores no Brasil é representar os interesses dos empregados de uma determinada categoria ou de uma determinada indústria perante o sindicato patronal que é o sindicato das empresas naquela determinada indústria. O papel deles é o de representar e negociar a convenção coletiva de trabalho com o sindicato patronal. O sindicato patronal representa os interesses das empresas em uma determinada indústria. Não só perante os empregados na negociação anual da convenção coletiva do trabalho, mas representa também os interesses daquela indústria específica perante instituições governamentais, perante os políticos.

Renan reconhece que a maioria dos americanos não entende a diferença entre os dois tipos de sindicatos. Outra coisa que não entendem é quais são as leis que os brasileiros obedecem e quais são as leis que não obedecem. No Brasil se diz, "Há leis que pegam e leis que não pegam." Uma tradução para o inglês seria alguma coisa como *"There are some laws that stick and some that do not."* Há certas leis que existem no papel, mas ninguém presta atenção. Esse não é só um fenômeno brasileiro. O americano também decide as leis que vão cumprir e que leis se deixam de lado. Por exemplo, muitos parques públicos têm uma lei que proíbe o consumo de álcool. Agora, todo mundo sabe que o alcool que está naquela sacola não vai ser levado para a casa. Mas, tanto os consumidores como a polícia fingem que as garrafas estão de fato fechadas na sacola. Há leis que simplesmente não pegam.

Uma das leis que não pega na indústria petroquímico em que Renan trabalha é a em que as empresas são requeridas a preparar um relatório que se chama "lucros de resultado." Já desde o início não existe nenhuma penalidade estipulada para aqueles que não preparam o relatório. Desde o ponto de vista da empresa, eles não se preocupam muito com o relatório. Do ponto de vista do sindicato de trabalhadores, eles não querem forçar a coisa muito porque todos duvidam que o relatório providencie alguma evidência que fortaleça a posição deles. Os americanos que visitam com Renan acham estranho que existe uma atitude tão relaxada quanto os lucros de resultado, mas há algumas leis que não pegam.

Ao mesmo tempo, entretanto, esses mesmos americanos acham fantástico como alguns processos no Brasil podem ser realizados com muito menos burocracia do que nos Estados Unidos. Na semana passada mesmo Renan recebeu uma visita de um americano que queria saber como é que Renan era capaz de desenvolver os produtos novos tão rápido. Entre todas as fábricas no mundo inteiro, o Brasil é capaz de lançar os produtos novos mais rápido. Renan não sabia exatamente o que dizer para responder a pergunta, "Bom, alguém sugere que se fizéssemos um certo produto um pouco diferente que teríamos um produto distinto. Então eu digo, vamos tentar." O americano lamentou que ele nunca poderia fazer isso nos Estados Unidos. "Não, primeiro nós temos que examinar tudo no laboratório, daí passamos tudo para o departamento de custos para ver o preço, etc., e finalmente quando voltamos aos clientes, já perdemos a oportunidade. Seria muito legal poder fazer como vocês aqui no Brasil."

É irônico que esses visitantes quisessem a oportunidade de ser mais brasileiro porque há momentos quando Renan gostaria que os americanos permitissem que ele fizesse as coisas do jeito brasileiro. Por exemplo, quando falamos da participação de lucros, a empresa divide tudo em três áreas: um terço dos lucros da empresa, um terço dos lucros locais, e um terço dos lucros da divisão. O problema é que no Brasil os funcionários não se identificam com os lucros da empresa. Está muito longe da consciência deles. Os funcionários locais se preocupam mais com o vale transporte (o passe de ônibus que muitos trocam como dinheiro), o vale refeição (o ticket que pode ser utilizado em vários restaurantes na cidade), e o décimo-terceiro (o bônus de natal). "Por favor, deixe que a gente cuide das questões locais" implora Renan, "mas os americanos acham que se alguma coisa funciona lá, deve funcionar aqui também. Eles não entendem por que o vale refeição seria importante." De igual forma, há pouco tempo que o sindicato patronal aceitou um ajuste no salário de custo de vida, aumentando 19,3%. Os americanos não podiam acreditar. "Era mandatário?" eles perguntaram. "Não, mas se não tivéssemos aumentado os salários, teríamos tido problemas com o sindicato trabalhista." Renan lamenta que os americanos simplesmente não entendem isso.

Ao mesmo tempo, Renan acrescenta que ele admira muito os americanos com quem trabalha. "Que país incrível. Eles são muito auto-suficientes e têm uma tremenda visão. Sinceramente, eles são impressionantes . . . e eles estão aprendendo mais sobre outras culturas." Daí, Renan tem mais uma anedota para contar. "Faz pouco tempo eu estive em Atlanta para assistir uma conferência e sem pensar, ao cumprimentar algumas das mulheres eu beijei elas na bochecha. Daí, lembrei que não devia fazer isso nos Estados Unidos. Mas para a minha grande surpresa, elas não reagiram de forma negativa. Mais tarde eu soube que essas mulheres tinham recebido um treinamento em que aprenderam que não deveriam se sentir chocadas se um brasileiro ignorante tentasse beijá-las na bochecha. E acontece que aquele brasileiro ignorante era eu. Fiquei muito envergonhado."

Comments from North American Executives
Terry Kahler

Petro Fibras is a good lesson in labor law in Brazil. I found the scenario very accurate and very exciting. One of the things that is intriguing here is that the word *union* in Brazil has a different meaning than the word *union* in the United States. Most Americans are scared by the word *union,* but in fact in Brazil there are many types of unions, and it is really critical to understand the purpose behind each one of the unions, to understand why they are in place. The other thing to understand is that not all the laws in Brazil are enforced. It is really critical to have someone who understands which laws really mean something and which laws really do not. The safe practice is to understand and believe that all laws will be enforceable. However, doing so may put you at a disadvantage with some of your competitors. In another example here, Brazilians are shown to move very quickly when it is to their advantage or when there is something that needs to be fixed. There are many examples in the law in Brazil when new laws have been implemented overnight to fix a problem or to boost an economic situation. Many times you will also find that some of these laws conflict with your HR policy. It may be really important to have someone who understands the local law as well as your economic policy. My recommendations on the case are, first, that you have someone on your team—probably a Brazilian person who has worked for a multinational company—who can understand the labor law and can really help you bridge the Brazilian culture, the Brazilian law, with your HR policies. As I mentioned, Brazilian law is complicated and much different than that of the US. A good example is that the court systems in Brazil are pro-employee, but the court systems in the US are pro-employer. Here the burden of proof is on the employee. In Brazil the burden of proof is on the employer. It is very important to understand that difference. Striking a balance between local law and HR policy is difficult to do, but it is absolutely critical that you do so and that you have someone who understands that. The last thing is, be careful when you implement new HR policies or new HR programs. What you find in Brazil is that once you implement, you cannot go back. Once you pay a person a certain salary, you cannot take that salary down. Once you give a person a benefit for a certain amount of time, it is a vested right, and the person has a right to that benefit forever. So be very careful with what you do in the area of labor law.

A Petro Fibras é uma boa lição sobre as leis trabalhistas no Brasil. Achei que o caso era bastante correto. Uma das coisas que gostei nele foi que a palavra "sindicato" no Brasil tem um significado diferente da palavra *"union"* nos Estados Unidos. A maioria dos americanos tem medo da palavra sindicato, mas acontece que no Brasil há vários tipos de sindicatos e é essencial que você entenda o propósito de cada um dos sindicatos e que entenda porque existem. Outra coisa importante é entender que nem todas as leis no Brasil são cumpridas. É essencial ter alguém que entenda quais são as leis que pegam e quais são as outras que não. A prática mais segura é que se age como se todas fossem cumpridas. Ao mesmo tempo, ao fazer isso, é possível que alguns dos competidores tenham vantagem. Outro exemplo aqui é onde os brasileiros são capazes de reagir rapidamente quando é vantajoso ou quando tiverem alguma coisa a ser mudada. Há muitos exemplos de novas leis que podem ser implementadas de um dia para o outro e isso resolve um problema ou fortalece a situação econômica. Vocês vão ver que muitas vezes essas leis entram em conflito com sua política interna de Recursos Humanos. Daí, é muito importante que tenha alguém que entenda as leis locais como também a sua política econômica. Minha sugestão nessa situação é que você tenha alguém de sua equipe que seja brasileiro que já trabalhou para uma multinacional que entenda das leis trabalhistas e que possa servir como ponte entre a cultura brasileira, as leis brasileiras, e a política de recursos humanos. Como já mencionei, as leis brasileiras são complicadas e bem diferentes das dos Estados Unidos. Um bom exemplo é que o sistema jurídico no Brasil é a favor do empregado e o sistema jurídico nos Estados Unidos é a favor do empregador. Aqui a prova cabe ao empregado. No Brasil a prova cabe ao empregador. É muito importante saber disso. Chegar a um equilíbrio entre as leis locais e sua política de recursos humanos é difícil conseguir chegar, mas é absolutamente crítico que você tenha alguém que saiba disso. Finalmente, cuidado ao implementar novas políticas ou programas de recursos humanos. Você vai descobrir que no

Brasil, uma vez implementado, não pode voltar atrás. Se você pagar um sa-lário para alguém uma vez, não pode diminui-lo depois. Se você oferecer um benefício por um certo tempo, este é um direito adquirido e eles têm direito a esse benefício para sempre. Então tome cuidado com o que você fizer na área de leis trabalhistas.

Paul Cluff

Petro Fibras, talking about Renan: when I lived down in Brazil, I lived amongst the Germans and saw his type. And it is interesting: when you think of Brazil, first of all you think Latin America. You think Spanish, and you think that they are all dark-skinned or look like Hispanics, but you do not think about cases such as this executive. He looks like he is from another country. You may even think that he came from Germany just to be an executive there, but it is not the case. When you first talk about the unions, a *union* is definitely a scary thing to talk about in the US, but it is just a normal thing with all the companies down there, and it is the hardest thing to deal with. First of all, Americans just do not understand the Brazilian politics, and you have another layer to go though: besides the workers' union, you also have the company union to work through. So when you want to fire somebody, or when you want to get a regulation passed, it is a lot more difficult. And it is great if you have a Brazilian who can facilitate that regulation and be a liaison. I also want to talk about the profit sharing. When you think of profit sharing here in the US, you think of the benefits that you can get as an executive. You think of the options—all of the things up front that you can get long-term for your family and for yourself—and it is a plus. But as far as Brazil goes, they are not con-cerned with the long term. They want to feed their families and to enjoy life day by day. And so, just as it is talked about here, the *vale transporte* and the *refeição*—that is what they care about. They want to receive the kinds of ben-efits that they will see right there in their hands: that you are paying for their food, that you are paying for their transportation, and their salary. Of course they all would like to have more money, but just having the extra benefit of the *vale transportes* and *refeição* is important to them. Also, once again the word *jeitinho* arises: when I heard the quote about *"algumas leis pegam,"* to me it is the same thing as *jeitinho*. Another famous phrase in Brazil is *"dar um jeitinho."* They will do anything to get around a law that exists to make sure that the business happens. And that is something that you will find in every company, and sometimes, even though it is not ethical here in the US, it is not only ethical in Brazil but important to getting business. So sometimes you have to lay aside your ethics about an American idea and let the Brazilians do their business where it is not illegal down there, and it is important to deal with them with that *jeitinho*.

A Petro Fibras, por falar do Renan, quando eu morei no Brasil eu morei entre os alemães e vi muitas pessoas como ele. É interessante porque quando você pensa no Brasil, em primeiro lugar você pensa na América Latina. Você pensa em espanhol e você pensa que todos têm pele morena ou são hispanos, mas você não pensa em executivos como nessa situação. Parece até que ele vem de outro país. Você até poderia pensar que ele veio da Alemanha para ser executivo lá no Brasil, mas esse também não é o caso. Inicialmente, quando você pensa em sindicatos, claro que nos Estados Unidos dá medo falar de sindicatos, mas lá é uma coisa normal e é muito difícil lidar com eles. Em primeiro lugar, o americano não entende as políticas brasileiras e é mais um nível de coisas para resolver porque além do sindicato trabalhista você também tem que trabalhar com o sindicato patronal. Então, se você quiser despedir alguém ou se você quiser estabelecer um novo procedimento, tudo é mais difícil. Por isso é muito bom ter um companheiro brasileiro para trabalhar com você, alguém que possa facilitar com os novos procedimentos. Eu também queria falar sobre a participação de lucros. Aqui nos Estados Unidos ao pensar em participação de lucros se pensa nos benefícios que se podem receber como executivo. Você pensa em opções, todas as coisas que poderá receber diretamente e que, a longo prazo, serão positivas para você e sua família. Mas no Brasil, eles não pensam tanto a longo prazo. Eles querem comida para a família e querem desfrutar a vida dia a dia. Então, exatamente como se menciona neste caso, o brasileiro pensa mais no vale transporte e no vale refeição. Eles preferem os benefícios que podem ser vistos diretamente. Eles querem ver que você está pagando pela comida, que você está pagando pelo transporte, e o salário. Claro, eles gostariam de ter mais dinheiro, mas os benefícios do vale transporte e refeição são importantes para eles. Falando dessas coisas, quando eu li "algumas leis pegam" outra vez eu pensei na palavra jeitinho. Para mim é a mesma coisa que jeitinho. Outra frase comum no Brasil é "dar um jeitinho." Eles fazem tudo para dar um jeito com as leis para fazer com que o negócio continue. E essa é uma coisa que vai se ver em todas as empresas, apesar do fato de que, aqui nos Estados Unidos, poderia ser considerada uma questão de falta de ética. Mas no Brasil não é uma questão de falta de ética, o jeitinho é uma parte essencial dos negócios. Então, às vezes, o americano tem que deixar de lado as idéias da ética americana e permitir que o brasileiro faça negócios que não sejam ilegais porque podem ser resolvidos com o jeitinho deles.

Phillip Auth

As I was reading the Petro Fibras case, what really came out for me was the importance of really understanding the different role that unions have in Brazilian society and, even more specifically, the role the government has had in the formation of unions. The case is pretty clear in pointing out that you do not just have labor unions, but you also have company unions and industrial unions that are much broader in scope and are cross-company, or inter-company, types of organizations, unlike in the United States. But the other part that really came out for me was that the Brazilian government—going back all the way to the '30s and '40s, and even more so in the '60s when the military government came into power—played such a large role in formulating these unions and supporting them and encouraging them, even to the point that when there was a one-party or a forced two-party system in Brazil, politically, the party actually forced people to join specific unions. And part of that history is still in existence in the way unions are organized today. And for an American manager going down there, there is a need to really understand a little bit of the history behind it, that there are independent unions but there are also government unions for labor, and also to understand the role that businesses play, which might even be considered an antitrust type of issue sometimes in the United States. Those were the issues that really came out for me—not that there were necessarily any problems or anything, but it is important to know that a union is something different than it is in the United States, and to be aware of that, so that when you start your negotiations or the issue comes up, you are aware of those differences.

Quando eu li o caso da Petro Fibras, o que me chamou a atenção foi a importância de entender os diferentes papéis que os sindicatos têm na sociedade brasileira e até mais o papel que o governo tem na formação dos sindicatos. O caso claramente mostra que não há somente sindicatos trabalhistas mas também existem sindicatos patronais que são mais amplos em termos da organização que existe entre varias empresas da mesma indústria, que é muito mais ampla do que a dos Estados Unidos. Mas a outra parte que lembro era o papel que o governo tinha, já nos anos 30 e 40 e até mais nos anos 60 quando o governo militar chegou ao poder, de criar e apoiar esses sindicatos. Até lembro quando no Brasil tinha só um partido político ou um sistema de bi-partidarismo forçado, e por motivos políticos eles forçavam as pessoas a se afiliarem a sindicatos específicos. E uma parte dessa história ainda existe hoje na maneira em que os sindicatos são organizados. Então quando um gerente americano vai para lá, é importante que ele entenda um pouco dessa história, que existem sindicatos independentes mas também existem sindicatos do governo e ele tem que entender o papel das empresas nisso, coisas que as vezes até parece como as questões de *antitrust* nos Estados Unidos. Então essas são as questões que eu notei. Não digo que tem problemas, mas é importante entender que um sindicato não é a mesma coisa que é nos Estados Unidos, e é importante saber disso ao começar as negociações ou se alguém falar disso, é importante saber da diferença.

Comments from Brazilian Executives
André Medeiros

Muito bem. Esse caso é interessante por quatro pontos: primeiro, a parte dos sindicatos, depois a parte dos benefícios, a cultura brasileira na região sul, e por final, como é que essa introdução de novos produtos no mercado brasileiro. Começando pela parte dos sindicatos. É verdade. Os sindicatos no Brasil eles são realmente representativos de toda força de trabalho de uma determinada indústria. Por um lado, eu acho isso um pouco prejudicial porque o Brasil é muito grande. Então para ti conseguir todo esse pessoal para lidar com os problemas do sindicato vai ser muito difícil. É muito difícil pegar o pessoal de Porto Alegre, Minas, Salvador e levar para São Paulo para conversar com todo o sindicato. Não tem como. É impossível. É muito longe e custa muito dinheiro. Então o que acaba acontecendo no Brasil é que vão ter dois ou três sindicatos muito fortes, que eu posso me lembrar agora um é dos metalúrgicos e o outro é das secretárias. Nos demais, eu era do sindicato dos radialistas, na região sul do Brasil. Tu pagava um *fee* por mês, mas ninguém nunca se envolvia, porque era muito descentralizado e era difícil de se coordenar tudo isso num país muito grande. Segundo ponto, os benefícios: O salário médio no Brasil, ele é muito baixo. Então o que acontece é que se o trabalhador tiver que pagar o ônibus, pagar a alimentação, parte do salário dele já está indo embora. Então é importante a questão dos benefícios no Brasil porque realmente adiciona muito no salário do trabalhador e até do executivo. A questão do vale transporte é essencial porque se for comparar com os Estados Unidos no Brasil tem oito pessoas para cada carro, enquanto nos Estados Unidos acho que o *ratio* é aproximadamente um. Então o que acaba acontecendo é que o sistema de transporte público é muito importante no Brasil. Então o pessoal pega muito o ônibus e existe também as lotações que são os combes que levam o pessoal para as diversas regiões da cidade. Se tu usa o vale transporte, não precisa pagar o ticket. A questão do vale refeição também é muito importante porque é até muito líquido. É muito, é como uma moeda. O pessoal troca o vale re-feição por dinheiro às vezes. O pessoal usa no mercado, o pessoal pode usar no almoço em diversos restaurantes, quase todos os restaurantes aceitam. Então, realmente agrega muito o valor para o trabalhador isso. Então é muito importante e acho que se dá muita ênfase para isso no Brasil. Se não tivesse isso, se quisessem reduzir, acho que seria muito difícil. O pessoal teria uma reação muito negativa em relação desses benefícios. A questão dos novos produtos, no Brasil hoje tem um pouco ainda dependendo da indústria que tu vai, a questão de estatal, a questão da burocracia. Em algumas empre-sas é muito difícil conseguir introduzir um produto. Na questão desse caso parece ser bastante fácil porque acho que a empresa era um pouco mais empreendedora e incentivava mais os seus funcionários, mas não é uma característica da indústria brasileira. Acho que dependendo do mercado que tu está pode acontecer isso, mas dependendo do outro mercado que esteja trabalhando pode ser que não aconteça. Então, eu não vejo isso como uma regra. Se for ver uma Petrobrás da vida, deve ser muito difícil conseguir fazer negócio com a Petrobrás porque a empresa é muito grande, é uma estatal, e é bem burocrática. Então se tu vê essa empresa podendo lançar produtos e chegar ao mercado muito rápido e outras de repente não vão conseguir.

This case is interesting because of four points: first, the unions; next, the bene-fits; then the Brazilian culture in the southern regions; and finally the introduc-tion of new products in the Brazilian market. Let us begin with the part about unions. It is true; unions in Brazil really do represent the whole workforce of a given industry. In some ways I think that this is a little damaging because Brazil is very large. That is to say, it is really difficult to get all these people together to deal with union problems. It is tough to get people from Porto Alegre, Minas, and Salvador and get them to meet in São Paulo to talk with the whole union. There is no way. It is impossible. It is a long way away and costs a lot of money. So what ends up happening in Brazil is that you have two or three really strong unions—for example. I can think of the steel union and the secretaries' union. But the rest—well, in my case I was part of the radio union, in the south of Brazil. You would pay a fee every month, but nobody got involved in anything because everything was decentralized, and it was difficult to coordinate all of this in a country that is so big. The second point is the benefits. The average salary in Brazil is really low. So what happens is that if a worker had to pay for the bus and for food, that would use up a large portion of his or her sal-ary. So this issue of benefits is really important in Brazil because it really does add a lot to a worker's—and even to an executive's—salary. The issue of the *vale transporte* is essential because, in comparison with the United States, in Brazil there is something like one car for every eight people, and in the United States I believe the ratio is one to one. So what ends up happening is that the public transportation system is very important in Brazil. People ride the bus a lot, and there are vans that take people to other parts of the city. If you use the *vale transporte*, you do not need to buy a ticket. Now the issue of the *vale refeição* is also very important because it is very liquid. It is very—well, it is like cash. People sometimes trade the *vale refeição* for cash. People use it at the market; people can use it for lunch at all sorts of restaurants. Almost all restaurants accept it. So these really add value to what the workers earn. So it is very important, and it is given a lot of emphasis in Brazil. If you did not have this—if the company wanted to reduce this—I believe it would be very problematic. People would really react negatively to losing those benefits. As to the issue of new products, in Brazil today this depends on the industry you are in, whether it is state-run, and how much bureaucracy there is. In some companies it is very difficult to introduce new products. In this case it appears that it is easier because this company is very innovative and provides incentives for the employees, but this is not a characteristic of Brazilian industry in general. I believe this depends on the market that you might be in, but in other areas this does not happen. So, I do not see this as the norm. If you look at someone like Petrobras, it would be a lot harder because they are big, state-owned, and very bureaucratic. So you'll see that some are able to introduce new products quickly and others are not.

Fernando Sotelino

Muito bem, nesse caso Petro Fibras fica realçada uma diferença cultural em que os empresários americanos procuram defender conceitos de compensação variável, de participação de resultados, como incentivos importantes para a força de trabalho enquanto que os administradores brasileiros dizem, "Deixe comigo." "Deixe que nós fazemos da maneira que nós podemos fazer" e "Aqui o importante é o vale refeição e outros benefícios, seguros e as vezes até de menor conta." Isso sim tem sido e talvez tenha sido até mais verdade no passado mas cada vez mais no Brasil é importante que se conheça que a participação dos resultados tem crescido e é hoje algo importante para as lideranças de sindicatos de trabalhadores. Já hoje parte da legislação e cada vez mais nós vamos ver a compensação variável e com recompensação por produtividade como sendo algo relevante no tratamento da força de trabalho.

Well, in the case of Petro Fibras one notices the cultural differences in that American business professionals try to defend their ideas about benefits packages, profit sharing, and all as important incentives for the workforce, while the Brazilian administrators are saying, "Let us take care of it," "Let us do things our way," and "What's important here is the *vale refeição* and other benefits, insurance, and sometimes even less important things." This has been so, and perhaps has even been more true in the past, but more and more in Brazil it is important to know that profit sharing has been growing, and today it plays an important role among the leaders of workers' unions. Nowadays it is part of legislation, and more and more we see variable compensation and rewards for productivity, and they are becoming more relevant in dealing with the workforce.

João Worcman

A Petro Fibras é uma empresa de químicos que está operando no Brasil e os executivos americanos achavam muito estranho ou acham muito estranho que os funcionários brasileiros não estejam dispostos a ter participação em lucro enquanto a partida, por exemplo, de benefício como vale transporte, vale refeição, ou por exemplo ter um salário menor para depois poder ter uma participação de lucros na empresa. Realmente a cultura no Brasil, principalmente para funcionários de baixa renda é de que ele precisa ter aquele benefício, tem que saber quanto que vai ganhar no final do mês. Você fazer uma projeção para ele, ah não porque de repente ele pode ter um benefício bem maior. O funcionário não costuma entender isso. Ele principalmente faz comparação com outros, com outras empresas ou colegas de trabalho que tem o benefício e pensa "ah não, eu não estou ganhando isso e eu sempre fui acostumado até o vale transporte, até o vale refeição" e uma coisa de talvez uma visão a curto prazo que o funcionário tem, mas que é uma coisa cultural eu acho. Realmente as empresas brasileiras não são acostumadas a prover isso, essa divisão de lucros. Esses funcionários nunca tiveram acesso a isso e por isso não estão acostumados. Eu acho que uma sugestão seria comunicar, principalmente para os funcionários de baixa renda o quanto eles poderiam estar se beneficiando com uma divisão de lucros. Principalmente em épocas em que a empresa está indo bem. Fazer projeções, "Não, se a gente faturar tanto, você vai ganhar mais isso. Se a gente faturar tanto, a gente vai ganhar isso e mais um pouco." Quer dizer isso fazendo com que os funcionários se sintam um pouco o dono da empresa que eu acho no final das contas é o principal objetivo da divisão dos lucros é que ele seja mais produtivo, busca uma maneira de economizar dentro da empresa, etc. Então eu acho que é uma maneira, é uma sugestão que eu teria para melhorar o funcionário a estar mais disposto a fazer uma divisão de lucros. A outra coisa é que, falando da velocidade que às vezes se tem no Brasil para se desenvolver um produto novo em comparação com as empresas americanas e até européias. No Brasil realmente você tem um processo muito mais informal em termos de desenvolvimento de produto. Você pode tentar um produto se ele funcionar, você fala com a diretoria da empresa e já começa a produzir. Quer dizer não se vai pelas vias por exemplo, americanas que você tem que aprovar o produto, ver questões de segurança, levar o produto para o departamento financeiro, quanto é que a gente vai ganhar com esse produto, quanto é que a gente vai deixar de ganhar, o quanto desse produto pode canibalizar um outro produto nosso parecido. Todas essas análises são válidas mas no Brasil muitas vezes a coisa funciona mais rápido e o sucesso do produto vem mais rápido porque realmente não se tem toda essa burocracia dentro da empresa.

Petro Fibras is a chemical company that is operating in Brazil, and the American executives think that it is strange that the Brazilian workers do not want to participate in profit sharing—preferring, for example, benefits such as the *vale transporte* and the *vale refeição,* or not wanting, for example, a lower salary even if it included profit sharing in the company. Really, in Brazilian culture, especially among low-wage workers, they would rather have those benefits, and they need to know how much they will have earned by the end of the month. You could prepare a plan for him, but no, because all of a sudden he thinks he could have better benefits [the old way]. Workers do not understand this. What he will mainly do is make comparisons with others, with other employees or friends at work who have the benefits, and he will think, "Oh no, I am not earning what I did because I am used to getting a *vale transporte* or a *vale refeição,"* and it may be what the worker thinks is a little shortsighted, but I believe it is a cultural thing. Brazilian companies really are not used to providing this profit sharing. These workers have never had access to it, and so they are not used to it. I think that one suggestion would be to communicate, especially to the lower-wage workers, about how much they could benefit from profit sharing. This is especially the case when the company is going well. Give them projections: "Now if we earn so much, then you will earn so much. If we earn so much, then you will earn so much and a little more." That is to say, by doing this, the workers will feel more like they are owners of the company, which I believe in the end is the main objective of profit sharing, and they will be more productive and look for ways to save money within the company, and so on. So I think this would be a suggestion that I would have to improve things, to help the employee feel more willing to participate in profit sharing. Another thing is the discussion of the speed with which you can develop new products in Brazil as compared with American or even European companies. In Brazil you really do have a more informal process in terms of product development. You can try a product to see if it works: you talk to the company directors, and you immediately start producing. That is to say, you do not have to go down the American path, for example, of having to get approval for the product, look into safety problems, take the product to the financial department, see how much you will earn with this product, see how much you will lose in earnings, see how much the product will cannibalize sales of another similar product. All of these analyses are valid, but in Brazil many times things work faster, and the success of the product emerges faster because you really do not have as much red tape within the company.

Discussion Topics and Questions

1. Comment on Renan's plea, "'Please let us take care of the local issues,' . . . but the Americans think that if it works there it should work here." Is this a cultural problem between North Americans and Brazilians, or is it a generic problem between upper and lower management?

2. Do you agree with Paul Cluff's observation that sometimes something that is thought of as unethical in the United States is not only ethical but essential in getting business done in Brazil? Is ethical behavior culture-specific?

3. Both Terry Kahler and Paul Cluff emphasize the importance of having local people on your team to help in knowing which laws are enforced and how they affect HR policy. What are the advantages and disadvantages to having an American expatriate versus a native Brazilian to provide these business perspectives?

4. How important is it to know or focus on Renan's German roots? In what ways would this issue be similar or different in the United States?

5. Phillip Auth suggests that North Americans should gain a historical perspective on the development of unions and the role of the government in their development. Do you agree that such a perspective is important? If so, how would one go about getting this background information?

6. How do you respond to João Worcman's observation that Brazilian workers want to know how much money they will have at the end of the month, and

for this reason a specific amount for the *vale transporte* and *vale refeição* mean more to workers than an unknown amount of profit sharing?

7. Fernando Sotelino hints that the motive behind profit sharing is to provide rewards for productivity. João Worcman suggests that it is more to help employees feel that they are owners of the company. Discuss your opinion about the validity of these motivations, for you personally as well as for Brazilian or North American workers.

8. André Medeiros talks about the liquidity of the *vale transporte* and of the *vale refeição* and how workers trade them for cash. What equivalent benefits are there for workers in the United States?

9. What are some possible solutions or strategies that respond to Terry Kahler's observation that US laws are pro-employer whereas Brazilian laws are pro-employee? How do you respond to his appeal for caution in implementing HR benefits that, once implemented, cannot be removed?

10. What things do you think Renan Zettu was referring to when he stated that he admires North American self-sufficiency and vision?

Tópicos e Perguntas para Discutir

1. Comente o seguinte: "Por favor, deixe que a gente cuide das questões locais, mas os americanos acham que se alguma coisa funciona lá, deve funcionar aqui também." Isso é um problema entre norte-americanos e brasileiros ou entre gerentes de alto e baixo escalão da empresa?

2. Você concorda com a observação de Paul Cluff de que às vezes algo percebido como não ético nos EUA não só é percebido como ético no Brasil mas também é essencial para fazer negócios neste país? O comportamento ético é culturalmente específico?

3. Tanto Terry Kahler quanto Paul Cluff enfatizam a importância de ter pessoas locais no seu time para ajudar a entender que leis são impostas e como elas afetam a política de RH. Quais são as vantagens e desvantagens de ter um imigrante americano ou nativo brasileiro na equipe para fornecer várias perspectivas de negócio?

4. O quão importante é saber ou focar nas raízes alemãs de Renan? De que formas isso seria similar ou diferente nos EUA?

5. Phillip Auth sugere que os norte-americanos deveriam tentar ter uma perspectiva histórica sobre o desenvolvimento dos sindicatos e o papel do governo no seu desenvolvimento. Você acha que isso é importante? Caso sim, como uma pessoa deveria fazer para conseguir estas informações?

6. Como você responderia a observação feita por João Worcman que os trabalhadores brasileiros querem saber quanto dinheiro vão receber no final do mês e por isso preferem receber o vale transporte e o vale refeição, que tem valor específico, ao invés de uma participação nos lucros sem valor específico (e que pode até não ocorrer)?

7. Fernando Sotelino dá a idéia de que o motivo por trás da divisão de lucros é recompensar funcionários pela produtividade. João Worcman sugere que é para fazer com que os empregados se sintam como donos da empresa. Discuta a validade destas motivações, tanto pessoalmente quanto para trabalhadores brasileiros e norte-americanos.

8. André Medeiros fala da liquidez do vale transporte e do vale refeição, e de como os trabalhadores os trocam por dinheiro. Que benefícios equivalentes estão disponíveis para trabalhadores norte-americanos nos EUA?

9. Que soluções ou estratégias poderiam ser usadas para responder a observação de Terry Kahler que as leis americanas são pró-empregador e as leis brasileiras são pró-empregado? Como você responderia a sua preocupação relativa a benefícios de RH que uma vez implementadas não podem ser removidas?

10. A que coisas Renan Zettu estava se referindo quando disse admirar a auto-suficiência e a visão norte-americana?

6. World Car

Company:	**WORLD CAR, INC.**
Focus:	Manufacture of automobiles
Case Objective:	Introducing a small pickup to the Brazilian market
Cultural Conflict:	Coping with differences in dress, meeting styles, and ways of exchanging information

Empresa:	**WORLD CAR, INC.**
Ênfase:	Fábrica de automóveis
Objetivo do Caso:	Introduzir uma *pickup* no mercado brasileiro
Conflito Cultural:	Vestimento, estilo de reunião, troca de informação

Introduction and Synopsis

As Fábio Martínez observes in his comments, "This case is a classic example of what happens when the home office trusts a few executives to direct a project." Despite all of the hints and feedback that the small pickup would be a hard sell, World Car pushed the idea through with the attitude that the Brazilians would love it when they saw the final product. Besides the technical problems (price, engine, type of fuel, accessibility of parts), this case also brings up the issue of the differences between direct American and indirect Brazilian feedback. Almost all of the executive comments touch on this topic. Similarly, all of them comment on World Car's policy of using English as the official language of the company. Especially revealing is Walter Marinho's observation: "I believe that even though the Brazilian executives themselves thought of it as a positive thing, and even I would think of it positively, on the other hand, there is certainly a loss in communication among the people."

The policy might be a good way to develop language proficiency, but it is not a good way to develop business communication. This case also brings up the issue of long-term versus short-term commitments. Sueli Torres claims that too often American companies are seen as opportunists who are out to make quick money. Brazilians want to know that there is a commitment to remain for the long term.

Introdução e Sinopse

Como Fábio Martínez observa em seus comentários, "Esse é um caso bem clássico de quando a matriz confia em alguns executivos para direcionar o projeto." Apesar de todas as dicas e *feedback* de que a *pickup* seria difícil de vender, a World Car estava convencida que, ao verem o carro, os brasileiros adorariam o produto final. Além dos problemas técnicos (preço, motor, tipo de combustível, acesso às peças) esse caso trata do problema do tipo de *feedback* direto dos americanos e indireto dos brasileiros. Quase todos os executivos fazem comentários sobre esse assunto. Da mesma forma quase todos fazem comentários sobre a política da World Car do uso do inglês como a língua oficial da empresa. Especialmente interessante é o comentário do Walter Marinho, "Eu acho que embora os próprios executivos brasileiros avaliassem como um positivo, eu avaliaria como um positivo por um lado, mas por outro lado há uma perda certa na comunicação entre as pessoas." A política pode ser uma boa maneira de desenvolver a proficiência de língua, mas ela não é uma boa maneira de desenvolver a comunicação nos negócios. Esse caso também trata do assunto de compromissos de longo e curto-prazo. Sueli Torres acha que muitas vezes as empresas americanas são vistas como oportunistas que só querem ganhar um dinheiro rápido. Os brasileiros querem saber que existe um compromisso de ficar de longo prazo.

Case: World Car

Statistics show that there are nearly as many car owners as there are legal-age drivers in the United States. In Argentina there is, on average, about one car owner for every five potential drivers. In Brazil there is only one car owner for every eleven potential drivers. Of course you may wonder how that is possible if you have been stuck in Brazilian traffic in São Paulo or Rio de Janeiro! Still, the numbers show potential growth for the car industry in Brazil. In this scenario, World Car, an American auto company, decided to expand operations by building a new plant in southern Brazil. The company already had a successful plant in Argentina, and it decided to focus on small pickups at the new Brazilian site.

Initial research about the pickup brought mixed results. The Brazilian market had not really ever had much in the way of a small pickup, but World Car was convinced that, given the choice, Brazilians would enjoy this new option. There had been some negative feedback that the new pickup *"é de cidade, não é de campo"* ("is a city truck, not a country truck"). World Car started up anyway, and when production began, other problems immediately surfaced. First was the price. World Car's pickup sold for twenty-five percent more than the competition's. Second, Brazilian's did not like the V-8 engine. Third, they protested against the gasoline engine, preferring diesel. Fourth, and even more damaging, was the limited access to technical assistance. Customers who lived, for example, in Foz de Iguaçu had to go to Curitiba to purchase parts for the pickup. World Car is currently in their third year of production, and losses have been heavy, reflecting adversely on the initial investment to build the plant.

So how did things get this far off base for World Car? Sueli Torres, originally from São Paulo, suggests some of the reasons. She has worked as the manager of human resources for an American auto company for the past five years. Before that she had worked for two European companies. Two of Sueli's associates add their thoughts on the reasons for World Car's problems. Jairo Silva is Sueli's Human Resources Analyst, and Rubens Castellano is the Director of Governmental Affairs. "First of all," Sueli notes, "many Brazilians think that Americans are just opportunists who are simply looking for quick money." The most frequent question that Americans hear is "Do you plan on staying here in Brazil, or are you just setting up a temporary shop?" Europeans, in contrast, are thought of as people who learn more, come more prepared, are more willing to work things out, and are more flexible. Ouch! True or not, that is a tough perspective for World Car to work against. And World Car did not do anything to dispel the stereotype.

Sueli adds that the Brazilians hold certain stereotypes of Europeans, too. There are all sorts of inside jokes that Brazilians tell about the way Europeans dress, the style of their clothes, and their hygiene. As for American women, Rubens thinks that they too often lose their femininity. "They are extremely direct. They do not converse well in regular chitchat. They are only focused on work, and they are very rigid."

In any case, Sueli explains, unfortunately World Car's actions only served to strengthen the American stereotypes. From the very beginning of the process, Brazilians tried to tell them about the problems with the small pickup. World

Car executives, however, seemed to take the attitude that they knew what they were doing and that everyone would love it later. Part of the problem, Sueli suggests, is how feedback is requested and provided. Ironically, Americans think of themselves as very participatory. They sit in meetings and ask for direct feedback. "As Brazilians we sometimes feel uneasy with the way Americans want direct, quick comments, and then they do not really seem to listen to the answers anyway." The younger generation of Brazilians seems to be better at it, but the older, top-level managers still have a hard time offering their opinions directly. So how do the Brazilians get feedback among themselves? Sueli mentions the use of *pesquisas de clima* (opinion surveys), which are confidential, conducted via the web, and run by outside teams. Then the outside facilitators hold workshops to help groups decide what to do with the results of the research. Sueli says that this strategy works to get feedback from employees, who say things in the research that they would never provide to their managers directly. For World Car, however, the problems were more blatant. The company received comments and feedback from the Brazilians but chose to ignore them.

Some have suggested that World Car's communication problems also stem from their policy of establishing English as the official language of the company. Jairo, however, does not agree. "World Car meetings are held in English among directors, managers, and engineers. At lower coordinator levels, the meetings are in Portuguese. But there is actually a positive feel about using English. Almost all of the directors see it as a good chance to practice their English, and language really has not been an issue." There was one case of a person in human resources who was a specialist in assessment but did not speak English and had a hard time learning English. He attended one meeting where the director said, "I'll speak in Portuguese with you today, but next time you will have to speak English with me." He was scared, and many felt that his position did not require English. Still, Sueli, Jairo, and Rubens all agree that the use of English as the official language of World Car is actually positive. What is not positive is how the Brazilians interpret casual American behavior. One employee of World Car recalls that during a certain meeting one tall American actually put his foot on top of the table. "No, really, he'd put his foot on top of the table. How rude!" The American probably was not even aware of the behavior, but to the Brazilians it was rude behavior that could not be ignored.

Caso: World Car

As estatísticas indicam que os Estados Unidos tem aproximadamente o mesmo número de motoristas de carro do que pessoas na idade certa para dirigir. Na Argentina tem a média de um motorista de carro para cada cinco pessoas da idade certa para dirigir. No Brasil, tem somente um motorista de carro para cada onze motoristas possíveis. Claro, você está querendo saber como isso é possível porque já viu o tráfego de São Paulo e do Rio de Janeiro! Mesmo assim, essas estatísticas mostram o crescimento potencial do Brasil. Neste caso, a World Car, uma empresa automobilístico americana decidiu aumentar operações ao construir uma nova fábrica no sul do Brasil. Eles já têm uma fábrica na Argentina e decidiram dedicar a fábrica brasileira à montagem dos caminhões pequenos.

A pesquisa original resultou em opiniões mistas. O mercado brasileiro não tem uma tradição de comprar caminhões pequenos, mas a World Car está convencida de que dada a oportunidade, o brasileiro vai gostar dessa nova opção. Inicialmente recebiam alguns comentários negativos, que o caminhão pequeno "é de cidade, não de campo." De toda forma, a World Car começou com a produção e imediatamente houve problemas. Em primeiro lugar foi o preço. O caminhão da World Car custa vinte e cinco por cento a mais do que o da competição. Segundo, os brasileiros não gostaram do motor V-8. Terceiro, eles reclamavam do motor de gasolina, preferem mais o diesel. Quarto, e pior ainda, é o acesso limitado a assistência técnica. Se o freguês, por exemplo, mora em Foz de Iguaçu, ele tem que ir para Curitiba para comprar as peças para o caminhão. Atualmente a World Car está no terceiro ano de produção e as perdas tem sido pesadas, negando o investimento incial devido a construção da fábrica.

Como é que tudo chegou a esse ponto para a World Car? Sueli Torres, originalmente de São Paulo, sugere algumas razões. Ela tem experiência há cinco anos como gerente de recursos humanos numa empresa automobilística americana. Antes disso ela trabalhou para duas empresas européias diferentes. Dois colegas da Sueli também oferecem as observações deles para as razões dos problemas da World Car. Jairo Silva é o Analista de Recursos Humanos de Sueli e Rubens Castellano é o Diretor de Assuntos Governamentais. "Primeiro," disse Sueli, "muitos brasileiros acham que os americanos são oportunistas que simplesmente querem um dinheiro rápido. A pergunta mais freqüente que o americano recebe é, "Você pretende ficar aqui no Brasil a longo prazo ou somente para uma coisa temporária?" Compare isso com os europeus que são considerados como pessoas que aprendem mais, vêm mais preparados, são mais dispostos a resolver problemas e são mais flexíveis. Ai! Verdade ou não, lutar contra essa percepção é difícil para a World Car. E no caso da World Car, eles não fizeram nada para negar esse estereótipo.

Sueli adiciona, entretanto, que o brasileiro também guarda certos estereótipos dos europeus. Tem muitas piadas que os brasileiros contam do modo de vestir, o estilo da roupa e da higiene do europeu. Enquanto as americanas, Rubens acha que muitas vezes elas perdem a feminilidade. "Elas são muito diretas. Não são capazes de um bate-papo informal. Elas são tão enfocadas no trabalho que acabam sendo muito rígidas."

Então, como Sueli explica, apesar do modo europeu de vestir, infelizmente o comportamento da World Car somente serviu para fortalecer o estereótipo americano. Desde o início do processo os brasileiros tentaram falar dos problemas com o caminhão. A World Car tinha essa atitude de quem já sabe o que estavam fazendo e que todo mundo adoraria o caminhão mais tarde. Parte do problema, disse Sueli, é como eles pedem e oferecem *feedback*. É até irônico que com aquele estilo casual do americano, eles se vêem bem participativos. Durante as reuniões eles pedem *feedback* direto. "Como brasileiros, às vezes a gente se sente incômodo com o jeito que o americano quer os comentários rápidos e diretos, e pior ainda, eles nem escutam as respostas." Essa nova geração de brasileiros, para eles é mais fácil, mas para os gerentes mais velhos ainda é difícil oferecer uma opinião tão direta. Então como é que o brasileiro recebe *feedback* entre eles? Sueli explica que eles utilizam as pesquisas de clima, que são confidenciais, realizadas através da internet, e coordenadas por pessoas externas à empresa. Depois eles têm *workshops* pelos facilitadores externos que ajudam aos grupos a interpretar os resultados da pesquisa. Sueli diz que isso funciona para receber *feedback* dos funcionários porque dizem coisas na pesquisa de clima que nunca diriam aos gerentes de uma forma direta. No caso da World Car, entretanto, os problemas eram até piores porque eram mais dramáticos. Eles receberam comentários e *feedback* dos brasileiros, mas nem prestavam atenção.

Outros dizem que os problemas de comunicação da World Car vêm da política do inglês ser a língua oficial da empresa. Jairo não está de acordo. "Entre os diretores, gerentes, e engenheiros, as reuniões da World Car são realizadas em inglês. Nos níveis mais baixos, as reuniões são em português. Existe até uma sensação positiva associada com o uso do inglês. Quase todos os diretores acham que é uma boa oportunidade de praticar o inglês, a questão da língua não é problemática." Houve um caso de uma pessoa em recursos humanos que era especialista em avaliação e ele não falava o inglês e tinha dificuldades com a língua. Numa reunião, o diretor disse, "Hoje eu vou falar em português, mas na próxima vez você vai ter que falar inglês comigo." O homem ficou com medo e muitos acharam que na posição dele,

ele não precisava do inglês. Mas todos, Sueli, Jairo, e Rubens, dizem que o uso oficial do inglês na World Car é uma coisa positiva. O que não era positivo era o comportamento casual do americano. Um funcionário da World Car lembra de uma vez quando numa reunião um americano bem alto punha o pé em cima da mesa. "É verdade! Que falta de respeito!" Provavelmente o americano nem estava consciente do fato, mas para o brasileiro isso era uma falta de respeito impossível de ignorar.

Comments from North American Executives
Phillip Auth

The more I read the World Car case, the more I felt that this was not necessarily so much a Brazilian culture clash as a poor example of generic international marketing strategy. The problems that they had here could be problems even domestically with the introduction of a new car. One of the examples they used was that individuals in Foz de Iguaçu would not want to buy the truck because they would have to go all the way to Curitiba to buy their parts. Well, that is no different than introducing a new vehicle in the United States where a guy in Bosman, Montana, has to drive all the way to Denver to get parts or get repairs on his car. So, to a certain extent, that was more a product introduction issue of making sure that the product was available and that service was available to the clients who were going to be able to buy it, which I did not see as necessarily being Brazil-specific. The one part that might be Brazil-specific was the demand or need for a small truck. And that did come out, to the extent that they called it an urban truck instead of a rural truck in rural areas where they had more trucks, which raised the question of whether there was really a demand for trucks in a city like São Paulo. Obviously, in the United States we see trucks and sport-utility vehicles (suvs) on urban roads all the time, whether people really need an suv or a pickup truck or not. It could be argued that the same sort of growth or demand might be there in a city like São Paulo. The difference, if you have ever been to São Paulo, is the way the traffic is in São Paulo. Getting around in that city is extremely difficult in the best of times, and during the rainy season it can be a total and complete nightmare, especially when you have four marked lanes of traffic with five or six rows of actual cars, where no one even pays any attention to the markings or lanes that are on the road. Driving a larger vehicle—even if it is a small pickup—could become a problem. And that is something that maybe could be a Brazil-specific issue with introducing a small truck. But I think that whether you are introducing the small truck in Brazil, or any type of new vehicle in the United States or in another international market—I think the executives decided that they wanted to have a truck, but they did not really go out to see what sort of demand there would be for it. And they did not necessarily set up the right network for distribution and support of the vehicle once it was introduced.

Quando eu li o caso da World Car, por mais que eu lesse, mais eu sentia que isso não se tratava de um conflito cultural brasileiro mas sim de um mau exemplo de um problema geral de estratégia de marketing internacional. Os problemas que tiveram aqui também poderiam ser os mesmos ao lançar um carro novo no mercado doméstico. Um dos exemplos mencionou alguém que estava em Foz do Iguaçu que não queria comprar o caminhão porque ele teria que ir até Curitiba para comprar as peças. Bom, isso não é nada diferente de introduzir um carro novo a uma pessoa em Bosman, Montana que teria que ir até Denver para comprar peças ou para consertar o carro dele. Então, até um certo ponto isso era um problema relacionado à introdução de um produto em que é essencial verificar que o produto esteja disponível em outras áreas e que os clientes possam receber o serviço necessário no local onde compraram o carro. E não vi nada disso como um problema específico do Brasil. Ao mesmo tempo, uma questão que poderia ser considerada especificamente brasileira é a demanda por caminhões pequenos. Isso se vê nos comentários que eles chamavam de "caminhão de cidade" ao invés de "caminhão de campo", um caminhão comum na zona rural, onde existem mais caminhões. Não se sabe se existia de verdade uma demanda para o caminhão pequeno em cidades como São Paulo. Claro, nos Estados Unidos se vê o caminhão e os suv nas ruas da cidade o tempo todo, não importa se o pessoal precisa ou não de um caminhão ou suv. Pode ser que essa demanda também exista numa cidade como São Paulo. A diferença, se você nunca esteve em São Paulo, é o trânsito em São Paulo. É difícil se virar na cidade mesmo quando o tempo está bom e na época de chuva é um pesadelo total, especialmente quando tem quatro faixas marcadas mas tem cinco ou seis faixas de carros ninguém presta atenção ao número de faixas marcadas na rua. Dirigir um carro grande ou até um caminhão pequeno, poderia ser problemático. E essa poderia ser uma questão especificamente brasileira, a de introduzir um caminhão pequeno. Mas eu acho, se estamos falando de um caminhão pequeno no Brasil ou um outro tipo de carro nos Estados Unidos ou em qualquer outro mercado internacional, acho que eles decidiram que queriam fabricar esse caminhão sem tomar em consideração sua demanda. Além disso eles não estabeleceram um bom sistema de distribuição nem de apoio para o veículo depois do lançamento.

Elizabeth Lowe

We will start with World Car, Inc. My initial impression on this case is that the driver of a pickup truck in Brazil is, first of all, a laborer or a person of less successful economic status. And most Brazilians would rather be associated with a chauffeured sedan than a pickup truck. I agree with the assessment here that the pickup truck is associated with the *campo,* with a maverick kind of cowboy figure, rather than an upper-class Brazilian, who, if he owns a car in the first place, is going to want to have more of a city/town/sedan car, preferably driven by a chauffer. The other connotation of the truck in the United States is roughing it and doing it yourself, and I think if there is that culture in Brazil, it is now among the youth—you know, much younger people who may not at this point in life be able to even afford a truck. Another aspect of it is that I was interested in giving a direct feedback comment on how Americans think of themselves as participatory and as wanting direct feedback. They want clear, immediate reactions to whatever it is that they are concerned about. And the indirect feedback process that was described in this case study, I think, makes a lot of sense for the Brazilian mentality. I have been involved in situations in Brazil where there were lengthy negotiations, and the preferred mode of feedback is always indirect and after the fact, when there has been some time for the situation to jell. Often, that feedback is given in a written form and somewhat arbitrarily. In other words, Brazilians will want to take control of the situation and will deliver their opinions to you in a rather irrevocable manner. So, even though you think you have spent a long time negotiating and sorting out differences, the fact of the matter is that the Brazilians' opinion will be delivered almost like a jury verdict at the end of the process, at least in a couple of really critical negotiations that I have been involved in. And sometimes that works in my favor; sometimes it does not. The language issues were interesting in having World Car meetings held in English among directors and in Portuguese among lower coordinator levels. I think there is language sensitivity in Brazil, and it is my experience that the preferred mode of negotiation is in Portuguese. To speak in English deprives the participants of their power, if you will. It has been my experience, because I am a translator, that even in rather easy conversations Brazilians will prefer, if they have a choice, to lapse into Portuguese, because they feel they are more in control when using their own language. The fact that there was stratification in the use of language in the company, I think, does not bode well. I think either you go all in Portuguese or all in English, but you do not stratify socially within the company. I think that is considered to be inappropriate.

Nós vamos começar com a World Car, Inc. E a minha primeira impressão sobre esse caso é que a caminhonete no Brasil é considerada antes de mais nada por um trabalhador ou uma pessoa de posição econômica menos favorecida. E a maioria dos brasileiros prefere ter um carro com motorista do que uma caminhonete. Eu entendo a idéia: a caminhonete é associada com o "campo" e com a figura do "*cowboy*", ao invés de um brasileiro de classe alta que se for comprar um carro vai, em primeiro lugar, querer um carro urbano e de preferência com um motorista. A outra conotação da caminhonete é "faça você mesmo", e eu acho que se essa cultura existe no Brasil, ela está presente entre os jovens, sabe, pessoas novas, mas que provavelmente nem têm condições de comprar uma caminhonete. E o outro aspecto é, eu estava interessada em um *feedback* direto sobre como os americanos se sentem como participativos, envolvidos no processo, e eles querem um *feedback* direto, eles querem reações claras e imediatas para tudo o que eles se interessam e se preocupam. E o processo de dar um *feedback* indireto que foi descrito nesse caso, eu acho que faz muito sentido para a mentalidade brasileira. Eu estive envolvida em situações no Brasil, de longas negociações e o *feedback* é a maneira preferida. É sempre a forma indireta e depois do fato, quando há um certo tempo para a situação se definir. Freqüentemente esse *feedback* vem na forma escrita e, de certa forma, arbitrária. Em outras palavras, o brasileiro vai querer controlar a situação e vai expor a sua opinião de uma maneira irrevogável, de preferência. Então, mesmo que você pense que levou bastante tempo negociando e descobrindo as diferenças, o fato é que a sua opinião será exposta quase que como a opinião de um júri no final do processo. Pelo menos foi assim em algumas negociações realmente críticas em que estive envolvida. E algumas vezes isso é favorável a mim, e outras não. As questões sobre a língua são interessantes, sobre o caso das reuniões de diretoria da World Car serem feitas em inglês e no nível de coordenadores serem feitas em português. Eu acho que existe uma sensibilidade lingüística no Brasil, e na minha experiência, eu tenho percebido que o português é a língua preferida para negociações. Negociar em inglês diminui o poder dos participantes. Tem sido a minha experiência, por ser tradutora, que mesmo em conversas curtas, o brasileiro prefere trocar para o português se ele tem a opção, porque ele sente que tem mais controle quando usa a própria língua. O fato de haver uma estratificação no uso de línguas na empresa, na minha opinião não é um bom sinal. Eu acho que ou tudo deve ser feito em português, ou em inglês, mas não se deve estratificar socialmente dentro da empresa. Eu acho que isso é considerado inapropriado.

James Riordan

World Car presents a case study that probably should never have happened. Most of the things that went wrong could have easily been solved or predicted in the first place. Cars are important to Brazilians as Brazilians are coming into the middle class to a large extent. So there is a market out there, but that market is very, very unique compared to European markets or other Latin American markets, in that the roads are different, and the people's attitudes are different. The car appeared to be inappropriate for the market. The price was high, and the engine was bigger than it should have been, a series of factors which eventually could have been corrected (as we saw in the case of Burger World) had the management been on top of the situation. Management needs to know what is going on and needs to get feedback. Brazilians tend to be a little bit indirect in their feedback, and the approach would be to have an outside organization come in and test the waters, find out what is going on. This was applied in World Car, except the management did not listen to the feedback that came indirectly from the employees. As a result, no modifications were made in the product. The product continued to be offered with all its defects. Americans insisted also on English as the principal language of communication. That is nice if you are looking for language development. If you are looking for management development, the first thing that you want to look at is how people best communicate. What language is it in? Obviously, in Brazil the best communication would be in their native language. And they would feel much more at ease with that. That, again, was rejected by the management as a possibility, and the Brazilians thought it was acceptable as they were learning English. But they could have paid to go to an English school outside of the institution and made much more progress on the product they were developing, in this case the car, and not seal its fate by insisting on culturally irrelevant aspects of management.

A World Car apresenta um caso que nunca devia ter acontecido. A grande maioria das coisas que deu errado poderia ter sido resolvida ou pelo menos prevista bem antes. Os carros são importantes para os brasileiros e tem cada vez mais brasileiros que estão entrando na classe média. Então existe um mercado, mas aquele mercado é muito, muito diferente do mercado europeu ou dos mercados da América Latina em que as ruas são diferentes e as atitudes das pessoas são diferentes. Parece que o carro não era apropriado para o mercado. O preço era muito alto. O motor era maior do que deveria ter sido, enfim uma série de fatores que eventualmente teriam sido corrigidos (como vimos no outro caso da Burger World) se a gerência tivesse entendido a situação. A gerência precisa saber o que está acontecendo e precisa receber o *feedback*. Os brasileiros são um pouco menos diretos no *feedback* deles e uma possibilidade seria a de trazer uma organização de fora para analisar a situação e descobrir o que estava acontecendo. A World Car fez isso, só que a gerência não escutou o *feedback* que veio indiretamente dos funcionários. Como resultado disso eles não fizeram as modificações ao produto. Eles continuaram oferecendo o produto com todos os seus defeitos. Os americanos também insistiam no uso do inglês como a principal língua de comunicação. Isso seria bom se você estivesse buscando uma maneira de aprender a língua. Mas se você quiser treinar os gerentes, a primeira coisa que você vai querer fazer é ver como as pessoas se comunicam melhor. E em que língua é isso? Evidentemente no Brasil a melhor comunicação seria na sua língua nativa. E eles se sentiriam mais tranqüilos com isso. Essa possibilidade outra vez foi rejeitada pela gerência, embora muitos dos brasileiros até gostassem do fato de estarem aprendendo inglês. Mas eles podiam ter organizado um programa de língua numa escola de inglês fora do trabalho e teriam tido muito mais progresso no produto que eles queriam desenvolver, nesse caso o carro, em vez de insistir em continuar com esses aspectos de gerência que eram culturalmente irrelevantes.

Comments from Brazilian Executives
Fábio Martínez

O caso World Car é um caso bem interessante e ele lida com uma companhia que já estava estabelecida no Brasil na década de 80 com dois produtos e eles acabaram abandonando o mercado. E com o ponto de mercado no final da década de 90 eles decidiram entrar no mercado novamente. Porém esse caso é um caso bem clássico de quando a matriz ela confia em alguns executivos em direcionar o projeto. E o que acontece aqui, a impressão que você tem é que o líder do projeto, ele no entusiasmo de tentar aprovar o projeto ele levou esse projeto para o Brasil independente das dificuldades que poderiam haver, as quais foram bastante subestimadas. Uma delas vou falar, por exemplo, aqui do motor V-8 do carro. O Brasil é um mercado que é bastante influenciado pela Europa no mercado automobilístico. E eles realmente gostam de carros maiores que têm os motores diesel. E aqui eles colocaram um motor V-8 de gasolina. E uma outra informação é que o diesel no Brasil é a metade do preço da gasolina enquanto aqui nos Estados Unidos é essencialmente o mesmo preço. Existe uma série de questões com relação à cultura, então por exemplo, como os brasileiros vêem os americanos em termos de serem extremamente capitalistas ou extremamente diretos e eles quererem simplesmente ter lucros rápidos em vez de estabelecer relacionamentos, isso tem muito a ver com a cultura latina que ela influencia primeiramente o relacionamento e em segundo lugar ela influencia o resultado do negócio. E isso tem muito a ver como o brasileiro e o latino em geral ele faz negócios. Alguns outros pontos interessantes é o estereótipo que fala aqui do europeu, que é bem verdade. O europeu, ele tem um modo de se vestir bem diferente do brasileiro. Ele se preocupa menos com cores do que o brasileiro em combinar as cores. E tudo isso afeta o relacionamento. Porém esse caso, estou convencido de que é um caso em que foi mais um erro de decisão do que um problema de choques culturais que aconteceram no Brasil após o início do projeto.

The case of World Car is a really interesting case, and it deals with a company that was already established with two products in Brazil in the 1980s, but they had decided to abandon it. Then in the 1990s they decided to enter the market once again. However, this case is a classic example of what happens when the home office trusts a few executives to direct a project. What happens here— the impression you get—is that the project leader, in his enthusiasm to get the project approved, took the project to Brazil despite the problems that could occur, problems that were severely underestimated. One of these problems, for example, is the V-8 motor in the vehicle. The Brazilian automotive market is highly influenced by Europe. Brazilians really like the bigger cars that have diesel motors. Here, they put in a gasoline V-8 engine. And another thing is that diesel in Brazil is half the price of gasoline whereas in the United States they are essentially the same price. There are a whole series of issues related to culture, such as how Brazilians see Americans as extreme capitalists, or how they see them as extremely direct, and how Americans just want to make quick profits instead of establishing a relationship. This all has to do with how Latin cultures are more influenced by relationships and only secondarily are influenced by the business results. This also has a lot to do with how Brazilians—and Latinos in general—view business. Another interesting point is the discussion of the stereotype of Europeans, which is really accurate. Europeans have a way of dressing that is really different from that of the Brazilians. They worry less about color combinations than the Brazilians do. And all these things affect relationships. However, I am convinced that in this case there were greater decision errors than there were problems of culture clash in what happened in Brazil after the project got started.

Weslley Bonifácio

O projeto World Car, eu vejo da seguinte maneira, teve algumas falhas na minha opinião. A primeira delas foi a questão do combustível. A decisão de utilizar gasolina ao invés de diesel realmente foi muito crucial e para mim foi negativa. Por quê? Porque no Brasil o diesel é muito mais barato do que a gasolina, mais ou menos a metade do preço, coisa que não acontece aqui nos Estados Unidos. Então, as pessoas que trabalham no campo e estão querendo comparar ou adquirir uma *pickup* geralmente dão preferência para o diesel porque vão gastar muito menos como combustível uma vez que a *pickup* e caminhonetes consomem muito combustível. Então esse é o fator número um. O outro fator é a questão do tamanho do veículo. Geralmente as pessoas que estão no campo preferem o veículo bem robusto, bem grande para carregar várias, tudo que ele precisa para fazer o trabalho do dia a dia. E *pickup* é considerada um carro, um *sport utility vehicle*. Não é realmente um carro robusto que você consegue carregar tudo que você quer. Então, isso também eu acho é outro fator do insucesso da *pickup* no Brasil pela World Car. Se eu considerar alguns outros fatores eu acho que também seria importante como sendo por exemplo a questão do choque cultural que tiveram os gerentes da World Car lá no Brasil. Os gerentes eram americanos e estavam gerenciando um projeto com a interação direta com vários brasileiros e o choque cultural entre eles foi muito importante, eu acho na minha opinião. Teve algumas partes do texto que estavam descritas onde algumas pessoas da companhia não sabiam falar o inglês e por isso ficavam inibidas ao mostrar todo o potencial e também dar a sua projeção do projeto naquele momento pelo fato de não falar o inglês. Isso é importante porque às vezes é uma pessoa chave que conhece o mercado brasileiro, bem melhor, é claro, do que uma pessoa que está de fora. Pode contribuir mais para o projeto e não contribuindo pelo fato da língua acaba prejudicando o projeto como um todo. Isso é muito importante. O americano tende a ser realmente muito mais direto do que o brasileiro. Isso é uma peculiaridade do profissional americano, que não está certo nem errado, é só uma diferença com relação ao profissional brasileiro. Negócios são fechados no Brasil numa mesa de um bar. Aqui isso não acontece nos Estados Unidos. Então esse choque cultural sempre acaba também afetando a forma como você faz negócios e a forma como você comercializa o seu veículo nesse caso.

I see the World Car project in the following way: there were, in my opinion, some mistakes made. The first of them was related to the problem of fuel. The decision to use gasoline instead of diesel was really crucial, and to me it was negative. Why? Because in Brazil diesel is really much cheaper than gasoline, almost half the price, something that you just do not find here in the United States. So people who work in the country and who want to buy or get a pickup generally prefer diesel because they will spend less for fuel, given that pickups and trucks consume more fuel. So this is the main factor. Another factor is the problem of the size of the vehicle. Generally, people who are out in the country prefer a vehicle that is robust, really big, for hauling things, everything that you might need to do your job day after day. Small pickups are considered sport-utility vehicles. It really is not a tough car like one where you can carry everything you want to. So I think that this was also a factor in the limited success of World Car's pickup in Brazil. Regarding other factors, I think it would also be important to look at the example of the culture clash that the managers of World Car had there in Brazil. The managers were Americans, and they were managing the project with direct interaction with various Brazilians, and the culture clash between them was very important, I believe. There were some parts of the text where they described how some people in the company did not know how to speak English, and so they were shy about showing their full potential and giving the projections for the project because they were not able to do so in English. This is important because sometimes such people may be very key people, who understand the Brazilian market much better than some outside person. They could contribute to the project, but by not contributing because of the language, they end up hurting the whole project. This is very important. Americans tend to really be much more direct than Brazilians. This is a characteristic of American professionals, which is neither right nor wrong; it is just a difference as compared with Brazilian professionals. Business deals are closed in Brazil at a table in a bar. That does not happen here in the United States. So this cultural clash always ends up affecting the way that you do business—and the way that you would sell the vehicle, in this case.

Walter Marinho

O caso World Car me pareceu bastante interessante, e por outro lado as opiniões que estão aí colocadas, a maior parte delas me pareceu equivocada por que, eu não sou especialista no setor de automóveis ou de veículos, mas para mim é claro que houve um erro mais técnico por parte da World Car ao escolher a gasolina como combustível para sua *pickup*. Isso, é sabido em qualquer pesquisa de mercado que se fizesse, certamente apontaria aí com mais de noventa por cento de decisão a favor do uso do diesel. Então ao meu ver, se houve um erro, houve um erro técnico de escolher o combustível errado. Por outro lado, as outras observações, a questão do uso do inglês como a língua nas reuniões, eu acho que embora os próprios executivos brasileiros avaliassem como um positivo, eu avaliaria como um positivo por um lado, mas por outro lado há uma perda certa na comunicação entre as pessoas. E essa perda que pode ser prolongada por um ano ou dois anos até que as pessoas tenham um domínio pleno da língua, ela pode gerar um problema de comunicação sério. Então acho que tem que ser avaliado nesses dois aspectos. O outro ponto interessante é a questão do comentário ali da Sueli, me parece. Ela diz que há um preconceito que os americanos vêm aqui para buscar um dinheiro rápido e ir embora. Eu também não vejo assim. Eu acho que na realidade as multinacionais podem ser vistas dessa forma. Que elas têm uma atitude oportunista em relação ao grande mercado interno brasileiro, mas não há diferenciação entre americanos, europeus, ou japoneses nesse aspecto. E finalmente me chamou a atenção a questão de como receber o *feedback* das pessoas. Eu acho que a cultura brasileira, ela não favorece realmente esse *feedback* pessoal e direto. As pessoas têm algumas dificuldades em colocar alguma coisa que vai incomodar o interlocutor. Então eu acho que essa estratégia usada de contratar uma empresa de fora para avaliar o clima e receber o *feedback* é muito positiva e eu achei talvez a parte mais importante do artigo, do caso.

The World Car case appeared to me to be really interesting, but at the same time, the majority of the opinions that were expressed in it seem wrong to me. I am not a specialist in cars or the automotive industry, but to me it seems clear that World Car made a technical error when it chose gasoline as its fuel for its pickup. That is, if you did any market research, it would certainly show that ninety percent would be in favor of using diesel. So as I see it, if there was a mistake, it was a technical error in choosing the wrong fuel. On the other hand, regarding the other observations, about the problem of the use of English as the language of the meetings, I believe that even though the Brazilian executives themselves thought of it as a positive thing, and even I would think of it positively, there was certainly a loss in communication among the people. And this loss could stretch out a whole year or two until people became completely fluent in the language, and this could create serious communication problems. So I think that things would have to be analyzed according to these two aspects. Another interesting item was the issue of Sueli's comment. She says that there is a prejudice that Americans come here just to get quick money, and then they leave. Again, I do not see it that way. I really think that multinationals in general can be seen that way—they can have an opportunistic attitude as related to the large internal Brazilian market—but there is no difference between Americans, Europeans, or Japanese in this aspect. And finally, I noticed the issue of receiving personal and direct feedback. People have some difficulties in saying things that may be uncomfortable for the listener. So I think that the strategy used here, of contracting an outside company to evaluate the climate and get feedback, is very positive, and I think that it was perhaps the most interesting part of this article, of this case.

Discussion Topics and Questions

1. Comment on the statement "First of all, many Brazilians think that Americans are just opportunists who are simply looking for quick money." What are the roots of such a stereotype? Is there anything that should be done in defense of or in opposition to this statement?

2. What do you think of Sueli Torres's comment about using *pesquisas de clima* (opinion surveys) that are confidential, conducted via the web, and run by outside teams? Do you agree that outside facilitators might be more effective than in-house managers when it comes to getting feedback from employees? How might this issue be the same or different between North Americans and Brazilians?

3. What is your opinion about the benefits and disadvantages of requiring English as the official language of World Car? Where does one draw the line on when and by whom English should be used?

4. Phillip Auth wondered if there really is any demand for a small urban pickup in Brazil. Given tradition and traffic habits, what is your opinion? Is there a market for small urban pickups in Brazil?

5. Fábio Martínez reminds readers that diesel is half the price of gasoline in Brazil, and that Brazilians are influenced by European styles. What would the reaction be if diesel engines and European styling were imposed on North American consumers? What does this suggest in relation to the case of World Car?

6. Elizabeth Lowe hints that "participatory" feedback is not limited to direct feedback. Indirect feedback, although different, can also be participatory. Discuss your opinions about the validity of various forms of feedback and how it may change from one situation to another.

7. How do you respond to Weslley Bonifácio's observation that many times Brazilians close deals at a table in a bar, but this is not the way things are done in the United States? Do you agree with him, and if so, what strategies can you use to overcome this difference?

8. What do you think James Riordan was referring to when he stated that Brazilian roads are different, and attitudes about driving are different?

Tópicos e Perguntas para Discutir

1. Comente o seguinte: "Primeiro, muitos brasileiros acham que os americanos são oportunistas que simplesmente querem um dinheiro rápido." Qual é a raiz desse estereótipo? O que se poderia dizer em defesa ou em oposição dessa declaração?

2. O que você acha do comentário de Sueli Torres sobre o uso de "pesquisas de clima" que são confidenciais, realizadas através da internet, e coordenadas por terceiros? Você concorda que esses terceiros poderiam ser mais eficazes do que os gerentes da própria empresa em termos de ganhar o *feedback* dos funcionários? De que forma isso seria igual ou diferente entre norte-americanos e brasileiros?

3. Qual é sua opinião das vantagens e desvantagens de insistir no uso do inglês como a língua oficial da World Car? Como é que se estabelece o critério para quando e com quem o inglês deve ser utilizado?

4. Phillip Auth duvidava que existisse de verdade uma demanda para a pickup de cidade no Brasil. Dados a tradição e o jeito que os brasileiros dirigem, qual é sua opinião? Existe de verdade um mercado para a pickup pequena nas áreas urbanas?

5. Fábio Martínez relembra os leitores que no Brasil o diesel é a metade do preço da gasolina e também que os brasileiros são influenciados pelos estilos europeus. Como seria a reação se os motores de diesel e o estilo europeu fossem forçados nos consumidores norte-americanos? O que é que isso sugere em relação ao caso da World Car?

6. Elizabeth Lowe comenta que um *feedback* "participatório" não é limitado a um *feedback* "direto." Comente sua opinião sobre a validez das várias formas de *feedback* e como ela muda de uma situação a outra.

7. Como é que você responde à observação de Weslley Bonifácio de que muitas vezes os brasileiros fecham os negócios na mesa de um bar e que isso não acontece nos Estados Unidos? Você está de acordo com essa observação e que estratégia você teria para sobrepujar isso?

8. A que se referia James Riordan quando disse que as estradas no Brasil são diferentes e as atitudes sobre como dirigir são diferentes?

Company:	DONUT WORLD
Focus:	Sale of snack food
Case Objective:	Introducing a new food product concept
Cultural Conflict:	Dealing with differences in eating habits and advertising styles

Empresa:	DONUT WORLD
Ênfase:	Lanchonete
Objetivo do Caso:	Introduzir um novo conceito de produto alimentício
Conflito Cultural:	Hábitos alimentares e estilos de propaganda

Introduction and Synopsis

In this case, Donut World found ways to combine Brazilian and American culture to create a unique blend of both. Nothing illustrates this combination better than its *pão de queijo* donut. As Wendy Anderson observed, "It makes my mouth water, and I would like to try it. . . . Someone should try to bring it here." From the flavors to the physical setting to advertising strategies, Donut World showed its willingness to adapt to Brazilian tastes while at the same time offering one of the most American of foods. Who knows, maybe North Americans will soon demand their donuts on ceramic dishes, too.

Introdução e Sinopse

Esse caso mostra como a Donut World combinou certos aspectos da cultura brasileira com a norte-americana para criar uma mistura única. Nada mostra essa combinação melhor do que o sabor do pão de queijo *donut*. Como

Wendy Anderson observou: "Me dá água na boca e eu gostaria de prová-lo, alguém deve trazer isso para cá." Desde os sabores até o ambiente físico e a estratégia de marketing, a Donut World mostrou que estavam disposta a se adaptar ao gosto brasileiro ao mesmo tempo em que também oferecia uma das comidas americanas mais típicas. Quem sabe, talvez no futuro os norte-americanos insistam num jogo de pratinhos de cerâmica.

Case: Donut World

Any first-time visitor to Brazil will soon discover the delicious variety of sweet and salty snacks at the many neighborhood bars and cafes. Considering the popularity of snacking and gathering for coffee among friends, Donut World decided Brazil would be an easy market to penetrate. However, as many companies discover quickly when they enter a new international market, Donut World realized that it faced many unexpected challenges. After the first six years of presence in a major metropolitan area of Brazil, Donut World was not gaining market share. Donut World decided to bring in Moacir Pereira, former marketing manager of the popular news magazine *Veja*.

Moacir's first step in formulating the future strategy of Donut World was a market study, which revealed the company's greatest challenge: to make the brand name and donut product known and accepted in Brazil. This was not an easy task considering that Brazilians did not know what a donut was. Originally, it was confused with a *sonho* or a *bomba doce,* typically Brazilian sweets sold in local bakeries. Understanding the Brazilian mentality, Moacir took a humorous approach to marketing the donut, with slogans poking fun at the unusual new product to make it known to the Brazilian consumer: *"Gordos comam escondido"* ("Fat people eat in secret") and *"Calibre seu pneu"* ("Measure your tire," or "Love handles"). His strategy was a success.

Another challenge with the donut product in Brazil was the concept of consuming them for breakfast. When Donut World first entered the market, the company attempted to impose American breakfast habits on Brazilian consumers—to no avail. Moacir recognized that it is not customary for Brazilians to eat sweets in the morning, so the product needed to be positioned in a different way. He realized that donuts could become a snack or a treat to have with the many *cafezinhos* that Brazilians consume later in the day. The preferred time would be right after lunch or between three and six in the afternoon.

Aside from creating a place for the donut among the habits and appetites of Brazilians, Moacir suggested cultural adaptations to the product line, operations, and physical layout of the store to have a higher chance of success with the Brazilian consumer. For example, Moacir rejected the American drip coffee that was being served. It just could not compete with the strong-flavored coffee served in Brazil. Thus, espresso machines were installed, and a special premium blend of coffee was created for use in the store and for sale to take home. Donut World also decided to offer juices as a complete novelty in a continuing effort to "tropicalize" the brand. Since Brazilians are accustomed to the availability of fresh-squeezed fruit at juice bars, Donut World now has these beverages on the menu, although this is not an option in the original US stores.

The new Brazilian product line includes the "ring" (donut with a hole), regular-size filled donuts, mini filled donuts, and éclairs. The filled donuts, adapted to fit Brazilian tastes, tend to be the most popular. Many new fillings were created to appeal to the Brazilian palate. The most popular is *doce de leite* (a sweet similar to caramel). In fact, it was Moacir's wife, Sueli, who pushed to create that option. Other fruit fillings unique to Brazil are guava, banana and cinnamon, and *brigadeiro* (a sweet made of condensed milk and chocolate typically eaten at birthday parties). Muffins are also available in fruit flavors adapted to the Brazilian market. One salty snack offering is a culturally adapted croissant sandwich with a local cheese, *requeijão*. The most unique innovation is the ring *pão de queijo*. This is a classic example of flexibility and the crossbreeding of two cultures: the popular Brazilian "cheese bread" snack converted into an American donut shape.

Although national advertising in Brazil, especially on television, is very expensive, the Donut World advertising budget is minimal. The marketing strategies used tend to be inexpensive outdoor public signs and point-of-sale displays of promotions, which are much more affordable than television advertising. The target consumers for Donut World are from the middle- and upper-class income groups. However, little by little, prices should become more accessible as the chain grows and achieves economies of scale. There are many "combo" offers at special prices, such as coffee plus mini-donut, beverage plus donut, or beverage plus salty snack. The coffee plus one's choice of mini-donut is a successful way to introduce the concept of the donut through a small sample so that the customer will perhaps purchase some on a return visit. Store locations tend to be in high-traffic areas since the product is an impulse item, not one of destination.

In the area of customer service, Donut World's atmosphere has been adapted to the local culture as well. Due to the higher price of Donut World products, a more upscale image needs to be promoted to ensure customers that the extra money spent for the product is worth it. In Brazil, donuts can be served "to go" in paper products, but in the store there is a set of nicer ceramic dishes, and coffee is served on a mini-tray with the Donut World logo on it. With a coffee order, stores also provide a "hygiene kit" in a little plastic bag, which includes a napkin, sugar, and little coffee stirrer. Some locations have a television, reading material, or an Internet cafe in the store, which creates a welcoming atmosphere encouraging customers to linger and enjoy their orders. Moacir really pushed to create a feeling of being welcomed in the store. This is important in Brazil, and it is evident in one location in Rio, where the local manager, Vivian Zandonai, observed that her regular customers seem to appreciate seeing her there as the owner and familiar face when they come into the store. Finally, a unique service offered by the company is the recent addition of delivery of donuts and other products to homes and offices.

Caso: Donut World

Qualquer visitante de primeira viagem ao Brasil vai rapidamente descobrir as delícias e a enorme variedade de doces e salgados para lanches rápidos nas muitas confeitarias e padarias de bairro. Considerando a popularidade desses lanchinhos da tarde, onde amigos se reúnem para um cafezinho acompanhado de um doce ou salgado, a Donut World achou que o Brasil seria um mercado fácil de penetrar. Porém, assim como muitas empresas descobrem rapidamente ao entrar em um novo mercado internacional, a Donut World também percebeu que teria muitos desafios não previstos a enfrentar. Depois dos primeiros seis anos de presença em uma grande metrópole no Brasil, a Donut World não estava ganhando participação no mercado. A empresa decidiu contratar Moacir Pereira, gerente de marketing da famosa revista "Veja".

O primeiro passo de Moacir na formulação da nova estratégia para a Donut World foi um estudo de mercado, que revelou o maior desafio da empresa: fazer com que a marca e o produto *donut* fossem conhecidos e aceitos no Brasil. Essa não era uma tarefa fácil, considerando que os brasileiros não sabiam o que era um *donut*. No início foi confundido com outros doces tipicamente brasileiros vendidos em padarias, como sonhos e bombas. Como ele entendia a mentalidade brasileira, sua abordagem bem humorada anunciando o *donut* com slogans que zombavam do estranho novo produto para fazê-lo conhecido entre os brasileiros, foi um sucesso. Ele ajudou a lançar os slogans: "gordos comam escondido" e "calibre seu pneu"!

Outro desafio do produto *donut* no Brasil foi o conceito de consumi-lo no café da manhã. Quando Donut World entrou no mercado, a empresa tentou impor este hábito americano para os consumidores brasileiros, mas foi em vão. Moacir reconheceu que não é o costume do brasileiro comer doces pela manhã e o produto precisou ser posicionado de uma maneira diferente. Ele percebeu que o *donut* poderia tornar-se um acompanhamento para os muitos cafezinhos que os brasileiros costumam tomar durante a tarde. O horário preferido era logo após o almoço ou entre 3 e 6 da tarde.

Além de criar lugar para o *donut* nos hábitos e apetite dos brasileiros, algumas outras adaptações culturais foram necessárias para a linha de produtos, operações e disposição física das lojas para aumentar as chances de sucesso com o consumidor brasileiro. Acompanhando as tentativas iniciais de impor os hábitos americanos de café da manhã para o Brasil, Moacir também rejeitou o cafezinho aguado americano que estava sendo servido. Simplesmente não conseguiu competir com o café brasileiro, muito mais saboroso. Desse modo, um tipo especial de café foi criado para as máquinas de café expresso nas lojas e em pacotes para fazer em casa. A Donut World também decidiu oferecer sucos como uma completa novidade no esforço contínuo de "tropicalizar" a marca no Brasil. Como os brasileiros estão acostumados com a oferta de sucos feitos na hora, com a fruta de verdade, A Donut World passou a ter essa bebida no cardápio, embora essa opção não exista no formato original americano.

A nova linha de produtos brasileira oferece tanto o "anel" (*donut* com um buraco no meio), o *donut* normal com recheio, o mini-*donut* com recheio e *éclairs*. O *donut* recheado é o mais popular no Brasil, sendo que o produto foi adaptado para se encaixar melhor no gosto brasileiro. Muitos recheios novos foram criados para apelar para o paladar brasileiro. O mais popular é o de doce de leite. Aliás, foi a esposa de Moacir, Sueli, que insistiu para que essa opção fosse criada. Outros recheios com frutas únicas do Brasil são o de goiabada, banana e canela, e brigadeiro (um docinho típico de festas de aniversário). "*Muffins*" são também oferecidos em sabores de frutas adaptadas para o mercado brasileiro. Uma oferta de salgado foi adaptada culturalmente nos sanduíches de croissant com requeijão, um queijo cremoso tipicamente brasileiro. Porém, a inovação mais especial foi o pão de queijo em anel. Esse é o exemplo clássico de flexibilidade e cruzamento de duas culturas, o salgado brasileiro mais famoso convertido no formato do *donut* americano.

Considerando que a publicidade nacional no Brasil, especialmente a televisiva, é extremamente cara, o montante do orçamento da Donut World para propaganda foi mínimo. As estratégias de marketing utilizadas focaram em *outdoor* ou gôndolas em pontos de venda com promoções, os quais foram mais acessíveis do que propagandas na televisão. O consumidor alvo da Donut World era a classe média e alta. Porém, pouco a pouco, os preços se tornaram mais acessíveis, e assim que a cadeia de lojas cresceu, maiores economias de escala foram conquistadas.

Existem muitas ofertas com combinações de preços especiais de café com mini-*donut*, bebida com *donut*, bebida com salgado, etc. A opção de café com mini-*donut* é uma boa forma de introduzir o conceito do *donut* através de uma pequena amostra, para que então, talvez, o cliente o compre na sua próxima visita. A localização das lojas normalmente é em áreas de muito tráfego, já que o produto é um item de impulso e não um item de destino.

No quesito atendimento ao cliente, a atmosfera das lojas da Donut World foi adaptada à cultura local também. Devido ao alto preço dos produtos Donut World, uma imagem mais "classe alta" teve que ser promovida para garantir para o consumidor que o dinheiro extra que ele estava pagando estava valendo a pena. No Brasil, os *donuts* podem ser servidos "para viagem" em saquinhos de papel, mas na loja também existe um jogo de pratinho e xícara em cerâmica para servir café e *donut*, com a logomarca da *Donut World*. Para os pedidos de café, a loja também fornece um kit higiene numa pequena embalagem de plástico, incluindo um guardanapo, açúcar ou adoçante e um palitinho de plástico para mexer o café. Algumas lojas têm televisão, material para leitura ou internet, o que cria um ambiente acolhedor e encoraja clientes a demorarem mais e se divertirem. Moacir realmente insistiu para que esse sentimento de ser bem-vindo em uma loja fosse criado. Isso é muito importante na cultura do Brasil e é evidente, por exemplo, em uma franquia no Rio de Janeiro, onde a gerente local, Vivian Zandonai, observou que seus clientes regulares parecem gostar de vê-la na loja, como dona e figura representante da família. Finalmente, um aspecto único da empresa é o novo serviço de entrega de *donut* em casa ou no escritório.

Comments from North American Executives
Phillip Auth

As I was reading the Donut World case, a few things jumped out at me. First was the cultural difference in the way people snack and eat breakfast. But I was also thinking about some of the foods that I enjoyed when I was living in Brazil, which have yet to be introduced into the United States. It still confuses me as to why the reverse has not taken place. With regard to breakfast, especially with donuts, I became an ardent consumer of *cafezinho* and *pão de queijo* for breakfast, to the point where I can no longer drink or tolerate American coffee because I would agree with the Brazilian standard that American coffee is just dirty water. And it just does not satisfy at all. At the same time, when

I go to Brazil I will have maybe six or seven meetings a day, and every single meeting there is a *cafezinho*. Then you have dinner at ten or eleven o'clock at night, and you still have another *cafezinho* after dinner. And I never have any problems with the caffeine while I am there. My greater problem is going into withdrawal when I come back. But, that being said, it kind of demonstrates that coffee and *pão de queijo,* and certain snack foods—they mention the *brigadeiro*—are not just snack foods but are culturally engrained into Brazilian society. And so to break through, it is not just a matter of it being a new food, but breaking down certain traditions about items or things that people associate with specific foods. With regard to introducing foods into the United States—because I am such a fan of *pão de queijo* and also *Guaraná Antarctica,* which is the number one soft drink in Brazil and is made from a Brazilian fruit—I have never quite understood exactly why it has not been introduced into the United States, especially since the company that produces it has a partnership with Pepsi. Saying that it is a tropical drink with the coolness of the Antarctic, with the name and everything, just sounds like a perfect match for something that could be introduced into the United States. That being said, while I was there I did notice that there are American-style donuts being sold in Brazil, and there were a number of small stands from this company that were throughout the city of São Paulo, at least, where I was living. So there is some success at introducing American-style foods. McDonald's actually is there in Brazil, and they have been very successful in capturing a very significant part of the fast food market in Brazil. So you need to think about it and some of the examples they talked about, how they modified the donuts with certain flavors and everything. I thought this was a great example of taking your basic product, modifying it to meet local standards, and being successful with it.

Quando eu li o caso da Donut World várias coisas me vieram a cabeça. A primeira é a diferença na maneira em que as pessoas comem e tomam o café da manhã. Mas também eu pensei em algumas das comidas que eu gostava quando estava morando no Brasil, coisas que ainda não foram introduzidas nos Estados Unidos, e não entendo porque não aconteceu até agora. Bom, em relação ao café da manhã e aos *donuts,* eu me tornei um consumidor ardente do cafezinho e do pão de queijo para o café da manhã, tanto que agora não agüento mais e nem tomo o café americano porque concordo com os brasileiros que dizem que o café americano é como água suja. Ele não me satisfaz de jeito nenhum. Ao mesmo tempo, quando vou ao Brasil assisto seis ou sete reuniões todo dia e durante cada reunião tem cafezinho. Daí você tem o jantar lá pelas dez ou onze horas da noite e você toma mais um cafezinho depois do jantar. Eu nunca tive problema com a cafeína quando estava lá. O meu problema é largar quando eu volto. Tudo isso é para dizer que o café, o pão de queijo, e outros salgadinhos e doces, como o brigadeiro que eles mencionaram, não são simplesmente comidas leves, mas elas fazem parte da cultura e da sociedade brasileira. Então para penetrar no mercado não é somente uma questão de introduzir uma nova comida, mas você tem que mudar algumas das tradições associadas com certas coisas que as pessoas relacionam com algumas comidas específicas. Em relação à introdução de comidas nos Estados Unidos, já que eu gosto tanto do pão de queijo, e também do Guaraná Antarctica, que é o refrigerante mais vendido no Brasil e que vem de uma fruta brasileira, eu nunca entendi exatamente porque ele não foi introduzido nos Estados Unidos. Especialmente porque a companhia que o produz é sócia da PepsiCola. Só teriam que dizer que é uma bebida tropical com um sabor refrescante da Antárctica, o nome e tudo parecem perfeito para uma coisa que poderia ser lançado nos Estados Unidos. Bom, tudo isso é para dizer que quando eu estive no Brasil eu notei vários lugares onde os *donuts* americanos estavam sendo vendidos e que havia um número pequeno de barracas dessa companhia espalhadas pela cidade de São Paulo onde eu estava morando. Então existe algum sucesso em lançar comidas americanas. Por exemplo, o McDonald's está no Brasil e eles têm desfrutado de muito sucesso em captar uma parte significativa do mercado de *fast food* no Brasil. Então você precisa pensar um pouco nisso e ver alguns dos exemplos que eles falaram, como eles modificaram os *donuts* com sabores diferentes e tudo. Acho que esse foi um ótimo exemplo de como tomar um produto básico e modificá-lo para um padrão local e como ter sucesso com ele.

Walter T. Atkinson

The comments pertaining to the Donut World case study are quite interesting to me, having spent time in all of Brazil and having gone into different areas and eaten the different foods. The first time that I went into a restaurant down there, it was up in northern Brazil, and I went into the restaurant, and we were going to have breakfast. First off, I was very surprised, this being my first breakfast in this country, when they started bringing out the different types of foods. And I said, "You know, I think I'm just going to have some coffee and a donut." And this was back in the 1960s. And they kind of looked at me, and looked at me, and I did not speak any Portuguese at all, but I said, you know, "What's wrong with this place? Don't they have a coffee and a donut?" That is what is called the "ugly American" concept, and I had it. And once I adapted to the types of foods that they had, and started taking a look a little more at how the individuals within that country eat, and what they eat for breakfast, and what donuts are all about, it kind of gave me a little better perspective. Well, then I was moved into the moving of products, and we were bringing some products down for one of the donut manufacturers in the US who wanted to try to set up a business down in São Paulo. It was interesting because he kept bringing all this American equipment down on the airplane we were flying. And we would get the equipment down there, and about a week later we would bring the equipment back. And we came to find out that he was trying to manufacture donuts—this is a true story—trying to manufacture donuts American-style down in Brazil, and it just was not working. Why? Because everyone who did his market study were Americans. He ignored everybody who was a Brazilian down there. And he said, "We're Americans and we know what we are doing, and we can do it better than the Brazilians." And it ended up costing him, if I remember what the freight bill was for him, it cost him at least $125,000 just to move the stuff down and back.

Os comentários sobre o caso da Donut World são muito interessantes porque eu já estive em todo o Brasil e já entrei em áreas diferentes e já comi comidas diferentes. A primeira vez que entrei num restaurante lá foi no norte do Brasil e entrei num restaurante para o café da manhã. Em primeiro lugar eu fiquei muito surpreso porque foi o primeiro café da manhã no país e notei todas as diferentes comidas que eles traziam. E eu disse, "Sabe, acho que só quero café e um *donut*." E isso foi nos anos 60. E eles olharam para mim e eu não falava nada de português e eu disse, "Qual é o problema aqui? Vocês não têm café e um *donut*?" Esse é um exemplo da idéia do "americano feio" o que eu era. Mas depois de me adaptar aos diferentes tipos de comida que eles tinham e também depois de olhar um pouco mais para as pessoas no país e para a comida que eles serviam para o café da manhã e um pouco mais sobre os *donuts,* tudo isso me deu uma perspectiva melhor. Então, mais tarde eu passei a trabalhar com o transporte de produtos. Eu estava levando alguns produtos para um fabricante de *donuts* dos Estados Unidos e eles queriam montar um negócio em São Paulo. Foi interessante porque ele levava todo esse equipamento americano nos aviões que a gente voava. E ele recebia o equipamento lá e mais ou menos uma semana mais tarde, a gente trazia o equipamento de volta. Daí fiquei sabendo que ele estava tentando fabricar *donuts* americanos e nada deu certo. Por que? Porque todos que fizeram seu estudo de mercado eram americanos. Ele ignorou todos os brasileiros que estavam lá. E ele disse, "Nós somos americanos e sabemos o que estamos fazendo e podemos fazê-lo melhor do que os brasileiros." E acabou custando para ele, se eu me lembro bem do custo do vôo para ele, custou para ele pelo menos $125,000 dólares apenas para levar tudo para lá e trazer de volta outra vez.

Wendy Anderson
Donut World is a good example of a United States company that adapted to Brazilian customs, and I think that doing so will help them be successful. Unlike the United States donut stores that we have here, with the drive-thrus and the quick in-and-out, they adapted to Brazilian customs. The customers there are more comfortable in a homier atmosphere, getting to know the owner of the store, the manager of the store, and feeling like they can make themselves at home, as opposed to here in the United States, where I do not know the manager of any of the stores that I frequent on a daily basis, because I am always in a hurry, and I want a quick in-and-out, and I am always going through drive-thrus with my kids because I am always in a hurry, and I have never met any of the managers, no matter how many times I have gone. I think that is a good adaptation, which should help them be very successful—rather than trying to just duplicate what works in the United States, adapting it to the customs in Brazil. The ring *pão de queijo* is very interesting to me. It makes my mouth water, and I would like to try it. That makes me wonder if it might be successful here in the United States. Someone should try to bring it here. I think in order to do that you might go to one of the chains that already exist, rather than just trying to introduce it cold to the market, and have it added to one of the major donut chains as a specialty item and test it—obviously after market research. But I think it would probably do very well once it was introduced, because Americans love donuts and they love cheese. So it is a great combination. If you could market it to the youth, then you would really expand the chances of success because our youth has so much disposable income, and with the mass media, MTV, TV, Internet, the rock stars, the rap artists, and some endorsements, you could really accelerate sales, I think. I think that is a very interesting idea, and I would like to see that, too, here in the United States. I think Donut World knows what they are doing, and maybe they could reverse it and expand their profits here in the United States.

Esse é um bom exemplo de uma empresa dos Estados Unidos se adaptando à clientela brasileira e eu acho que isso vai ajudá-los a ter sucesso. Diferente das lojas de donut americanas com as opções de *drive-thru* e coleta rápida, eles se adaptaram aos costumes brasileiros e aos clientes que se sentem mais confortáveis em uma atmosfera mais caseira, conhecendo o dono da loja, o gerente da loja, como se sentissem em casa. Diferente daqui nos Estados Unidos, onde eu não conheço o gerente de nenhuma loja que eu freqüento todos os dias, porque estou sempre com pressa e quero apenas comprar o produto depressa. E eu vou sempre à *drive-thru* com as minhas crianças porque estou sempre com pressa. E eu nunca conheci nenhum dos gerentes não importa quantas vezes já fui. Eu acho que essa foi uma boa adaptação. E isso deve ajudá-los a ter muito sucesso, ao invés de tentar apenas duplicar o que funciona nos Estados Unidos, e sim adaptando aos costumes brasileiros. O pão de queijo em forma de anel é muito interessante para mim. Me dá água na boca e eu gostaria de provar. Eu fico imaginando se faria sucesso aqui nos Estados Unidos. Alguém deveria trazer para cá. Eu acho que para tanto, você deve ir a umas das redes que já existem, ao invés de apenas tentar introduzi-lo "cru" no mercado, deve ser algo a mais em uma das redes de donuts mais importantes, como um item especial e testá-lo, claro, depois de um estudo de mercado. Mas eu acho que provavelmente daria certo assim que introduzido, porque americanos adoram donuts e adoram queijo. Então deve ser uma combinação perfeita! Se você pudesse promovê-lo para os jovens, aí sim as chances de sucesso seriam ainda maiores, porque a nossa juventude tem muito dinheiro sobrando e tem a comunicação em massa, MTV, TV, internet, as estrelas do rock, artistas de rap, alguns endossos. E você poderia acelerar as vendas de verdade, eu acho. E eu acho que essa é uma idéia muito interessante, e eu gostaria de vê-la também aqui nos Estados Unidos. Eu acho que a Donut World sabe o que está fazendo e talvez eles possam fazer o inverso, e simplesmente expandir seus lucros aqui nos Estados Unidos.

Comments from Brazilian Executives
Fábio Martínez

O caso Donut World, eu acho que é um caso de extremo sucesso e que deve ser lido no aspecto de procurar entender qual é realmente a receita de sucesso quando uma cadeia de *fast food* americana ou internacional tenta entrar num novo mercado. O primeiro passo que eles tomaram, e eu acho que foi uma decisão extremamente acertada, foi contratar, como responsável pela cadeia no Brasil, o gerente de marketing da revista "Veja". A revista "Veja" é a revista de maior circulação no Brasil, circulação nacional. Ou seja, cobre todas as diferenças culturais do Brasil. Então a pessoa que entende a cultura e entende as diferenças culturais. Isso foi um ponto muito importante. A partir desse momento, o que acontece? O Moacir, que é esse gerente de marketing, ele começa a ver dentro da Donut World, quais são os pontos fracos deles comparada com a cultura brasileira. Então por exemplo um deles é o cafezinho. No Brasil a cultura é de tomar o cafezinho pequeno e forte enquanto nos Estados Unidos você toma um copo grande e fraco. Então ele procurou adaptar os produtos da cadeia americana à cultura brasileira. E ele estendeu isso não só para o cafezinho mas ele procurou também adaptar o leque dos produtos da empresa à cultura brasileira. Um dos pontos por exemplo aqui estacados é o famoso pão de queijo. Ele colocou pão de queijo dentro do cardápio oferecido à Donut World, que é uma coisa que você não encontra nos Estados Unidos e não encontra na Donut World em nenhum lugar do mundo. Mas ele colocou no Brasil por quê, porque era um ponto realmente fazer parte da cultura e se encaixava dentro do tipo de oferta que a Donut World procurou oferecer aos seus clientes. O caso fala um pouco também sobre por exemplo a diferença de preços que deve ser entre Brasil e Estados Unidos. O poder aquisitivo no Brasil é muito menor. Então, ou seja, você tem que tentar oferecer produtos que se enquadrem dentro dessa diferença de poder aquisitivo. No geral, eu leria esse caso realmente como a receita de sucesso e procuraria tirar dele realmente quais os passos que se deve seguir quando se entra num novo mercado.

The case of Donut World, I believe, is a great success story, and it should be read as a way of trying to understand what the recipe for success is for an American or international fast food chain when it tries to enter a new market. The first step they took—and I believe that they were right on—was in contracting someone to be responsible for the chain in Brazil, and that was the marketing manager of the magazine *Veja*. *Veja* has the highest circulation of any national magazine in Brazil. That is to say, it covers all the different cultures of Brazil. So he was a person who understands the culture and understands cultural differences. This was a very important point. So from that moment, what happened? Moacir, this marketing manager, began to look at Donut World to see what its weak points were as it related to Brazilian culture. So, for example, one of them was coffee. In Brazilian culture they drink a small and strong *cafezinho* while in the United States they drink a large and weak cup. So they tried to adapt the products from the American chain to the Brazilian culture. And he extended this not only to the coffee; he tried to adapt the company's entire line of products to Brazilian culture. One of the items mentioned here, for example, is the famous *pão de queijo*. They put *pão de queijo* on the menu offered at Donut World, which is something that you do not see in the United States or at any Donut World at any other place in the world. But they added it in Brazil. Why? Because the point was to really fit in with the culture, and it fit well into what is offered to clients at Donut World generally. The case also talks a little about the difference in prices between Brazil and the United States. Buying power in Brazil is much less. So, that is to say, you have to offer products that fit with this difference in buying power. So in general I would really read this case as a recipe for success and really try to draw from it the steps they took, which should be followed when one enters a new market.

André Medeiros

No caso do Donut World, é importante a empresa ter conseguido e ter consciência de adaptar o produto para o mercado brasileiro. Eles conseguiram adicionar a linha dos produtos, o brigadeiro, o doce de leite e muito importante também é o café. Porque quem morou nos Estados Unidos, morou no Brasil sabe que o café é muito diferente. O café dos Estados Unidos, se estiver no Brasil é mais como um chá porque é muito aguado e muito fraco. No Brasil o pessoal gosta do café forte e cafezinho que é um café pequeno, um café não em grande quantidade. Então essa questão de colocar o donut junto com o café é interessante porque todo mundo toma café três ou quatro vezes por dia. Toma no meio da manhã, toma no meio da tarde, toma depois do almoço. Então sempre pode tomar o café e comer o *donut* ao longo do dia. Então não vai ser só no café da manhã ou só no final da tarde não. Sempre quando se vai para tomar um café num bar ou no shopping, tu vai poder sentar também e pedir um donut. Então acho que a idéia era muito interessante.

In the case of Donut World, it is important to note that the company was able to focus on adapting the product to the Brazilian market. They were able to add additional products, such as *brigadeiro, doce de leite,* and also, importantly, coffee. Anyone who has lived in the United States and lived in Brazil will know that the coffee is very different. Coffee in the United States, if you have been to Brazil, is more like tea because it is watery and weak. In Brazil people like their coffee strong, and the *cafezinho* is a small coffee, which is not a large amount. So this idea of putting a donut together with coffee is interesting because everyone drinks coffee three or four times a day. You drink it in the morning, you drink it in the afternoon, and you drink it after lunch. So you can drink your coffee and eat a donut all day long. So it is not just for breakfast or at the end of the afternoon. Whenever you stop to have coffee at a café or at the mall, you can sit down and ask for a donut, too. So I think that this was a very interesting idea.

Solange Srenzewsky

"Donut World". Bom é uma comida tipicamente, eu acho que, um "*snack*", né? Tipicamente americano, um lanche tipicamente americano e a maneira como ele é comido nos Estados Unidos, é uma comida que você passa, pega e come no carro ou no escritório ou manda entregar no escritório. E você come de manhã cedo. Eu acho que no Brasil o problema é o que brasileiros não comem doce de manhã cedo. E foi desta maneira que foi introduzido, para você comer no café da manhã. Na realidade, a gente come doce à tarde ou com café, muitas vezes nem adoçando o café. Então essa também foi uma falta de pesquisa. E a outra coisa é que é frito. O brasileiro é muito direcionado a não fritura de nada. Talvez a única coisa que ele coma frito porque ele gosta é a batata frita, é, e o pastel. Então, é uma cultura, e a coxinha. Então nós temos outras coisas, nós temos outros salgadinhos e outros docinhos, que realmente foi um choque para o brasileiro conseguir se acostumar com o *donut*. Principalmente por causa do tamanho, é grande. O brasileiro gosta de doce pequeno. Então, tudo isso eu acho que tinha que ser uma pesquisa de mercado, que não foi feita, mas que foi adaptada agora. E eu acho que inclusive com a ajuda de pessoas que já estavam no meio e adaptando o gosto também de requeijão, o doce de leite, a goiaba, que são gostos tipicamente brasileiros. Então, com um cafezinho ou um mini-*donut,* que geralmente acho que eles fazem isso para ganhar o cliente. Então, é o mini-*donut* com o cafézinho. E a outra coisa que eles tiveram que mudar também, é que nas lojas de *donut,* para os brasileiros, tem que ter uma mesinha, para um lugar para tomar um café. Porque a gente realmente gosta de sentar. Ninguém come andando ou ninguém gosta de comer no carro, ou de comer . . . Hoje no escritório, hoje os escritórios no Brasil estão começando a trazer os *donuts* como café da manhã ou como um "snack" ou como um lanchinho. Mas na realidade demorou de seis a sete anos para essa idéia realmente pegar no Brasil. E eu acho que se fosse feito de outra maneira, teria ganhado o mercado mais rapidamente. Mas eu acho que foram muito inteligentes e conseguiram se adaptar aos gostos brasileiros para conseguir o mercado. E agora trazer a coxinha, a nossa empadinha, o pastel para os Estados Unidos, nós teríamos que já entrar numa cadeia estabelecida, com alguns desses produtos para poder trazer isso. Ou, como nós tentamos fazer aqui com o pão de queijo, que é trazer esses produtos paras "arenas", para os jogos de futebol ou para os jogos de beisebol, onde você tem um público que está lá e que vai comer esse tipo de comida, que é realmente o lanche, a comida rápida que você pode pegar na mão e sair andando. Então essa é uma maneira de introduzir esses produtos que nós temos, porque você não conseguiria introduzir esses produtos na rua, como o americano está acostumando. É um produto que tem que ser direcionado a ele. Então eu acho que essa é a minha opinião. Eu espero que a gente consiga trazer algum deles.

Donut World. Well, it is a snack type of food, right? It is a typical American snack, where Americans buy it, take it out, and eat it in the car or at the office, or have it delivered to the office. You eat it in the morning. I think the problem is that Brazilians do not eat sweets in the morning, and that is how it was introduced, for you to eat for breakfast. Actually, we eat sweets in the afternoon or with coffee, many times not even putting sugar in the coffee. So this was also a lack of research. Another problem is that it is fried. The Brazilian tends to be against frying anything. French fries may be the only fried things Brazilians eat. There are also the *pastel* [deep-fried pastry with filling] and the *coxinha* [deep-fried pastry with chicken filling] that are fried. We have other popular snacks and pastries in Brazil, and it was a shock for Brazilians to get used to the donut, mainly because of its size, because it is big. Brazilians like small pastries. So, all of these things should have been in a market study, which was not done, but it has been adapted now with the help of people who are familiar with the market. The taste of the donut was also adapted to the typical Brazilian palate by the use of *requeijão, doce de leite,* and guava. They sell mini-donuts with coffee to acquire new customers. Another thing they had to change was to put tables and chairs inside or around the store, because we really like to sit. Nobody eats while walking or driving. Nowadays, Brazilian offices are starting to buy donuts as a breakfast, as a snack, or as a little meal. However, it actually took six or seven years for this idea to solidify in Brazil. I think it would have gained market share faster if it had been done differently. Nevertheless, I think they were very intelligent and were able to adapt to Brazilian taste to win over the market. Now, to bring the *coxinha,* our *empadinha* [chicken mini-pie], or the *pastel* to the United States, we would have to use a well-established food chain to enter the market. Or, just as they tried to do here with the *pão de queijo,* we could bring these products to the sports arenas, to the football or baseball games, where you have a public there who will eat this type of food. This is a quick meal that you can quickly buy and walk with. So this would be a way of introducing these products of ours, because you would not be able to introduce these products on the streets like the American is used to doing. It is a product that a person needs to be directed to. I think that this is my opinion. I hope we can bring some of them here.

Discussion Topics and Questions

1. Notice some of the key ways Donut World has found success in the Brazilian market as well as how the company overcame some of its initial mistakes. As you consider various Brazilian products or services, such as *pão de queijo, coxinha, pastel,* or restaurants where you buy your meal by the kilo, how would you go about introducing these products or concepts to North American consumers? What types of marketing strategies work best in the United States? What sort of product and service changes would be necessary? Can you think of ways to change North American perceptions or habits?

2. Fábio Martínez talks about the difference in purchasing power between Brazilian and American consumers. Brazilians have much less disposable income. What kinds of problems does this difference create for a company entering a market such as Brazil? What steps would you take to resolve these problems?

3. The case gives examples of some media campaign slogans: *"Gordos comam escondido"* ("Fat people eat in secret") and *"Calibre seu pneu"* ("Measure your love handles"). Do you think the Brazilian style of humor in advertising would work in the United States? Why or why not?

4. Television advertising is extremely expensive in Brazil; thus, it is not an option for new, small firms trying to gain market share. Donut World made use of billboard and point-of-sale display advertising. What other possible strategies could be used to advertise the existence of the new product economically? Would these same strategies work in the United States?

5. Donut World found a market niche for the donut as a snack to be consumed along with coffee in the afternoon and throughout the day. Do you think it would be worth the company's effort to gain more market share by attempting to introduce the donut as a standard breakfast item, like it is in the United States? How would the company go about doing this?

6. Do you agree with Wendy Anderson's perception of fast-food snack locations in the United States? She states that most American consumers are interested in making their purchase as quickly as possible (preferably at a drive-

thru) and are not concerned with the dining atmosphere or with recognizing employees or managers. What cultural differences does this imply when you compare Brazilians and Americans?

7. Phillip Auth feels that Brazilian foods such as *pão de queijo* are not just snack foods but traditions that are "culturally engrained" in Brazilian society. Do you agree with him? Can you think of any American food items that could be viewed in the same way?

8. The phrase "ugly American" is a common one, and Walt Atkinson admits that he was guilty of that kind of behavior on his first visit to Brazil. This superior attitude of Americans and their assumption that everything American is better can ruin a business deal. Even if they do not speak the language of the target culture, how can American business people prepare themselves before traveling to work in another country? What types of information should they learn, and to what cultural depth, in order to be successful away from home? What are some resources they can use?

Tópicos e Perguntas para Discutir

1. Veja algumas das maneiras e que proporcionaram o sucesso da Donut World no mercado brasileiro e como eles sobrepujaram alguns dos seus erros iniciais. Ao considerar os vários produtos e serviços brasileiros como por exemplo pão de queijo, coxinha, pastel ou restaurantes por quilo, como se poderia introduzir esses produtos ou idéias para os consumidores norte-americanos? Que tipo de estratégia de marketing funcionaria melhor nos Estados Unidos? Que tipo de mudanças seriam necessárias? Você poderia pensar em algumas idéias para mudar as percepções ou hábitos dos norte-americanos?

2. Fábio Martínez fala das diferenças entre o poder de compra dos consumidores brasileiros e americanos. Brasileiros têm bem menos "dinheiro sobrando". Que tipos de problemas essa diferença traz para uma empresa tentando entrar em um mercado como o Brasil? Que passos você daria para resolver esse problema?

3. Esse caso dá exemplos de alguns *slogans* promocionais: "gordos comam escondido" e "calibre o seu pneu". Você acha que o estilo de humor brasileiro nas propagandas iria funcionar nos Estados Unidos? Por quê?

4. A propaganda na televisão é extremamente cara no Brasil, portanto não é uma opção para pequenas empresas tentando ganhar participação de mercado. A Donut World fez uso de *outdoors* e pequenos cartazes. Quais outras estratégias possivelmente poderiam ter sido utilizadas para promover de forma econômica a existência de um novo produto? Essas mesmas estratégias funcionariam nos Estados Unidos?

5. A Donut World encontrou um nicho de mercado para o *donut* como um doce para se comer de tarde junto com um cafezinho. Você acha que valeria a pena se esforçar para ganhar mais participação de mercado ao tentar introduzir o *donut* como um item básico do café da manhã como acontece nos Estados Unidos? O que a empresa deveria fazer para isso?

6. Você concorda com a percepção de Wendy Anderson sobre a localização de lanchonetes de *fast food* nos Estados Unidos? Ela diz que a maioria dos consumidores americanos estão interessados em fazer a sua compra o mais rápido possível (preferencialmente no *drive-thru*) e não estão preocupados com a atmosfera do ambiente ou em reconhecer os funcionários e gerentes. Que diferenças culturais isso implica quando você compara brasileiros e americanos?

7. Philip Auth acha que a comida brasileira como o "pão de queijo" não é apenas um salgadinho, mas é uma tradição que está culturalmente enraizada na sociedade brasileira. Você concorda com ele? E você consegue pensar em algum ítem da comida americana que poderia ser vista dessa maneira?

8. A frase "americano feio" é uma frase comum e Walt Atkinson admite que foi culpado por isso na sua primeira visita ao Brasil. Essa atitude superior dos americanos e a sua suposição de que tudo que é americano é melhor, pode arruinar uma negociação. Mesmo não falando a língua da cultura alvo, como negociantes americanos poderiam se preparar antes de viajar para um país diferente a trabalho? Em que profundidade cultural e que tipo de informação eles deveriam aprender para ter sucesso longe de casa? Quais recursos eles poderiam utilizar?

8. Pizza World

Company:	**PIZZA WORLD**
Focus:	Sale of pizza
Case Objective:	Introducing a pizza chain to a Brazilian market
Cultural Conflict:	Coping with differences in expectations of the product and managerial style, and using local versus American suppliers

Empresa:	**PIZZA WORLD**
Ênfase:	Restaurante
Objetivo do Caso:	Introduzir uma rede de pizzarias no mercado brasileiro
Conflito Cultural:	Enfrentar a adaptação do produto, rede de contato locais, estilos de gerenciamento

Introduction and Synopsis

This case describes a number of difficulties that Pizza World encountered upon entering the Brazilian market. Brazilian-style pizza is very different from American-style pizza. North Americans find it difficult to visualize a pizza with corn, onions, and *catupiry* (a Brazilian cheese). It is not that Americans do not like Brazilian-style pizza, but they do not associate it with the concept of pizza. In this case the same problem occurred in reverse: Brazilians just did not think of American-style pizza as pizza. Furthermore, Brazilians are proud of their pizza. Senichiro Koshio begins his comments by saying, "We want and we like good, tasty pizzas, those that are a pleasure to eat. And there are good pizzerias in São Paulo and in all Brazil." On the other hand, North American executive Kevin Christensen describes American-style pizza as "traditional Italian pizza." Of course, most Brazilians would probably beg to differ, and Italians even more, but it does show how each group defines the pizza of the others. Pizza World not only made assumptions about Brazilian tastes but also advertised their product in American ways. Additionally, they tried to run things with an American management style. Despite its difficult beginnings, the Pizza World case also shows how modifications were implemented in each of these areas.

Introdução e Sinopse

Esse caso oferece vários exemplos das dificuldades que a Pizza World teve ao entrar no mercado brasileiro. A pizza brasileira é muito diferente da pizza americana. É difícil para os norte-americanos visualizarem uma pizza com milho, cebolas, e catupiry. Não é que os americanos não gostem da pizza brasileira, é só que eles não associam estes ingredientes com a idéia do que é uma pizza. O mesmo problema aconteceu nesse caso, os brasileiros não associavam a pizza americana com a sua idéia de pizza. Além disso, os brasileiros são orgulhosos de suas pizzas. Senichiro Koshio começa seus comentários dizendo, "E nós queremos, gostamos de pizzas boas, saborosas, que a gente sente prazer de comer. E tem boas pizzarias em São Paulo e no Brasil inteiro." Por outro lado, é interessante notar que o executivo norte-americano Kevin Christensen descreve a pizza americana como a "tradicional pizza italiana". Claro, é bem provável que a grande maioria dos brasileiros e mais ainda os italianos não estejam de acordo com essa declaração, mas isso mostra como cada grupo define as pizzas dos outros. A Pizza World não só errou nos gostos brasileiros, mas também lançou a propaganda sobre seu produto de uma forma bem americana. Além disso, eles também tentaram seguir um estilo de gerência que era muito americano. Apesar de todas essas dificuldades no início, o caso da Pizza World também mostra como é que eles implementaram algumas modificações em cada uma dessas áreas.

Case: Pizza World

Pizza World entered Brazil in the late 1980s with expectations of the same success that the company had experienced in other foreign markets. However, in the Brazilian case, the market turned out to be much more difficult than anticipated due to local product competition and distinct Brazilian taste preferences. It was only later, in the late '90s, that Pizza World hired Brazilian businessman Paulo Teixeira to assess the situation and develop a business plan to better position Pizza World in Brazil. Previously, Paulo had been the Chief

Executive Officer (CEO) responsible for the success of several other international franchising endeavors in the fast food sector in Brazil. In addition, Paulo
had received a master's degree in business administration from the Wharton
Business School. Pizza World headquarters felt confident that Paulo's professional experience and training in both Brazil and the United States made him
a perfect choice to strategically place Pizza World in the local market and win
over the Brazilian consumer.

Upon examining the history of Pizza World's presence in Brazil, Paulo observed that Pizza World had naively introduced its product without testing
whether the Brazilian palate would readily accept the American style of pizza.
The company had failed to take into consideration the Italian heritage deeply
rooted in southern Brazil, where quality Italian restaurants serve thin-crust
pizzas throughout the region. Paulo realized that Pizza World would have to
come up with a plan to compete with the unique Brazilian style of pizza served
at many local pizza restaurants in the tradition of Brazilian Italian immigrants,
most famously in the São Paulo area.

Paulo proposed immediate modifications to the Pizza World menu. He expanded the menu to include more types of crusts for pizzas, the most Brazilian
of which was one stuffed with a Brazilian cheese called *catupiry*. The standard
American-style toppings are still available, but other possible toppings include
common Brazilian items such as corn, *calabresa* (sausage), *catupiry* (cheese),
and chicken. Familiar Brazilian beverages were also added, such as Guaraná,
Sukita, VIGOR iced tea, Brahma beer, and Illy coffee. The dessert menu expanded in response to customer requests to include mousse pies, including one
made with *catupiry* cheese and one with passion fruit.

Paulo's menu modifications proved successful in various ways. They tapped
into the affinity of Brazilians for certain national products, and they helped
build professional relationships by establishing a stronger local network of
business contacts, which is key to success in the Brazilian business environment. In addition, Paulo's menu adaptations led to a strategic move to reduce
costs through the negotiation of agreements with local suppliers. The use of
Brazilian suppliers increased to ninety-five percent. Not only did import substitution reduce prices by up to thirty-five percent on promotional items, but it
also upgraded the image of the product offerings with familiar quality brands
such as Kopenhagen chocolate desserts, Illy coffee, and Brahma beer.

In addition to the problem of pleasing the Brazilian palate for pizza, Paulo
had to address the Brazilian custom of eating pizza only at the evening meal or
on weekends. Since the entrance of Pizza World in Brazil and due to the implementation of marketing strategies, that behavior has been modified, and more

Brazilians are eating pizza as a midday meal. Paulo also had to put a stop to comparative advertising that criticized local pizzas and promoted Pizza World. Although this advertising tactic may work in the United States, it was not an effective approach in Brazil, where the intended loser tends to end up being the winner in such a campaign.

As part of the effort to further adapt Pizza World to local tastes and better serve the customers, comment cards were placed at each table, and diners were encouraged to talk to the store manager, who is always on the premises and easily accessible. Completed comment cards were sent to the corporate office and read by the marketing director. Along with spaces for demographic data, the cards sought opinions on the service, the quality of the product, reasons the customer chose Pizza World, and suggestions for improvement. Paulo introduced this approach of requesting input from customers in order to provide better and more familiar service to its customers, compared with that of traditional pizzerias in Brazil. This approach of soliciting consumer input is new to Brazil and is well accepted.

Training was another key area targeted in creating the new image of Pizza World. Paulo chose to introduce a more open style of management, instead of the hierarchical style traditionally practiced in Brazil. He began to invest strongly in training for general employees and managers. At the management level, the focus was on training managers to behave as partners, giving them a sense of responsibility for changing the company's previous failure to success. At the employee level, training concentrated on service, especially in terms of explaining menu items, and on changing the atmosphere and mentality from fast food to casual dining. The goal ultimately was to allow all Pizza World employees at all levels to have a voice and a stake in the business. Satisfied employees lead to satisfied customers by improving the quality of product served and of service provided.

One of the primary objectives Paulo had in mind for the brand was to restore the confidence of its managers and employees. His first step to turn the company around was to meet and talk personally with all the location managers and some of the employees in order to hear their perspectives on the current situation and on the needs of the company and the customers. The managerial philosophy of minimal hierarchy and open communication throughout the company and the policy of having the central office report progress as well as problems were crucial. This is especially true in franchising, where each store functions as its own unit, separate from the rest. In support of this philosophy, Paulo created a transparent and measurable system of evaluating employees to reward each team member fairly for his or her participation in the achievement of results. In addition to this reward system, Pizza World began to offer profit sharing to its branch managers as a way to compensate those who achieved top production.

Caso: Pizza World

A Pizza World entrou no Brasil no final da década de 80 com expectativas de ter o mesmo sucesso que a companhia teve em outros mercados estrangeiros. Porém, no caso brasileiro, o mercado se mostrou muito mais difícil que o previsto devido à competição local do produto e ao distinto paladar brasileiro. Foi no final da década de 90 que a Pizza World contratou um executivo brasileiro, Paulo Teixeira, para avaliar a situação e desenvolver um plano de negócios para posicionar melhor a empresa no Brasil. Anteriormente, Paulo havia sido o CEO responsável pelo sucesso de diversas outras franquias internacionais empreendidas no setor de lanchonetes no Brasil. Além disso, Paulo havia feito MBA na Wharton Business School. A diretoria da Pizza World estava segura de que a experiência profissional de Paulo e seus treinamentos, tanto no Brasil quanto nos Estados Unidos, haviam feito dele a escolha perfeita para implantar estrategicamente a Pizza World no mercado local e ganhar o consumidor brasileiro.

Ao observar a história da Pizza World no Brasil, Paulo percebeu que ela havia introduzido o seu produto de forma ingênua, sem testar se o paladar brasileiro iria aceitar imediatamente o estilo americano de pizza. A empresa esqueceu de considerar as profundas raízes da herança italiana no sul do Brasil, onde restaurantes italianos de qualidade servem pizzas de massa fina e crocante. Paulo percebeu que a Pizza World deveria surgir com um plano para competir com o estilo único brasileiro de pizza servido nas muitas pizzarias locais, seguindo as tradições italianas de imigrantes, sendo que as pizzas mais famosas estavam em São Paulo.

Paulo sugeriu mudanças imediatas no cardápio da Pizza World. Junto com os itens do cardápio padrão americano, ele expandiu e incluiu mais tipos de massa. A mais brasileira, era a massa com a borda recheada com um queijo brasileiro chamado catupiry. Os sabores do cardápio padrão americano ainda estão disponíveis, mas outros possíveis sabores incluem itens tipicamente brasileiros como milho, calabresa, queijo catupiry, frango, entre outros. Algumas marcas de bebidas foram também acrescentadas: Guaraná, Sukita, Chá Vigor, Cerveja Brahma, e Café Illy. O cardápio de sobremesas expandiu em resposta aos pedidos dos clientes para incluir o famoso Romeu e Julieta, goiabada com queijo catupiry.

As modificações de Paulo no cardápio fizeram sucesso em vários aspectos. Combinou com a afinidade brasileira por certos produtos nacionais e começou a construir relacionamentos profissionais ao estabelecer uma forte rede de contatos locais, que é a chave para o sucesso no ambiente de negócios brasileiro. A vantagem final das adaptações no cardápio feitas por Paulo, foi um movimento estratégico de redução de custos através da negociação de acordos com fornecedores locais. O uso de fornecedores locais era de noventa e cinco por cento. Essa substituição dos importados não só reduziu os preços em trinta e cinco por cento em itens promocionais, como melhorou a imagem do produto com a oferta de marcas nacionais de qualidade como Chocolates Kopenhagen, Cafés Illy, e Cerveja Brahma.

Além do desafio de agradar o paladar brasileiro quanto a pizza, Paulo teve que lidar com o costume nacional de comer pizza somente no jantar ou nos fins de semana. Desde a entrada da Pizza World no Brasil, e através da implementação das estratégias de marketing, esse comportamento foi modificado e mais brasileiros estão comendo pizza na hora do almoço. Paulo também teve que cessar com as propagandas comparativas que criticavam as pizzas locais e promoviam a Pizza World. Apesar dessa tática publicitária funcionar bem nos Estados Unidos, não era uma boa abordagem para o Brasil, onde a parte "atacada" acabava "saindo por cima" nesse tipo de campanha.

Como parte dos esforços de continuar adaptando a Pizza World aos gostos locais e servir melhor o cliente, cartões de comentários foram colocados em cada mesa do restaurante, e clientes foram encorajados a falar com os gerentes de loja que estavam sempre no local e facilmente acessíveis. Os cartões de comentários eram mandados para o escritório da empresa e lidos pelo diretor de marketing. Junto com os espaços para dados demográficos, os cartões buscavam opiniões sobre o serviço, a qualidade do produto, o porquê de o cliente ter escolhido a Pizza World e sugestões para melhorias. Paulo introduziu essa abordagem de pedir informações ao cliente para poder oferecer um serviço melhor e mais familiar em comparação com as pizzarias mais tradicionais do Brasil. Essa abordagem é nova no Brasil e foi muito bem aceita.

O treinamento também se tornou uma área chave na criação da nova imagem da Pizza World. Paulo escolheu introduzir outros estilos mais abertos de gerenciamento, em oposição ao tradicional sistema hierárquico praticado no Brasil. Ele começou a investir muito em treinamento para funcionários e gerentes. No nível gerencial o foco era treinar os gerentes para agirem como parceiros, dando a eles o senso de responsabilidade para mudar da experiência anterior de fracasso para uma experiência de sucesso. No nível de funcionários, o treinamento foi concentrado em serviços em termos de explicação dos itens do cardápio assim como esforços para mudar a atmosfera e mentalidade de *fast food* para "refeições em um ambiente casual de restaurante". Enfim, o objetivo era permitir que empregados de todos os níveis da Pizza World tivessem voz e apostassem no negócio. Funcionários satisfeitos levam a clientes satisfeitos com a qualidade do produto servido e com o serviço oferecido.

Um dos primeiros objetivos que Paulo tinha em mente para a marca era restaurar a confiança de seus gerentes e funcionários. Seu primeiro passo para mudar completamente a empresa foi marcar um encontro e conversar pessoalmente com todos os gerentes locais e alguns funcionários para escutar suas perspectivas sobre a atual situação e necessidades da empresa e dos clientes. A filosofia gerencial de hierarquia mínima, comunicação aberta dentro da companhia e com o escritório central para reportar progressos e problemas foi crucial, especialmente em redes de franquias, onde cada loja funciona na sua própria unidade separada das outras. Em suporte a essa filosofia, Paulo criou um sistema transparente e mensurável para avaliar funcionários e recompensar cada líder de time de forma justa pela sua participação na concretização de resultados. Além desse sistema de recompensa, a Pizza World começou a oferecer distribuição de lucros para seus gerentes de área como uma forma de compensar aqueles que apresentaram resultados superiores.

Comments from North American Executives
Kevin Christensen

The Pizza World case was very interesting and had a personal flavor to me because when I travel to Brazil, near the hotel where I typically stay, there is a restaurant a couple of blocks away that is called Miami Pizza. And Miami Pizza to me sent a message that it would be kind of American, and it is in fact not very American-type pizza at all. So it was interesting to me to see that someone else had gone through that kind of a process and had found that the typical pizza that an American would like, or the traditional Italian pizza, was not very successful down there. I was impressed that they realized that, and then they found that if they went to the local type of pizza and the local flavors, then they would have much more success. Once they found the problem, they started with the managers and retrained the managers. And then they also worked with the employers and the managers to build up a confidence with them. They also impressed me that they trained the managers as partners, so they all had some ownership in it. They felt that the managers were part of fixing the problem and making the venture a success. I think that the American name of Pizza World probably carries some weight down there, and I think it was wise to keep the name of Pizza World. And again I think it was wise to find out what the local flavors were and really cater to the local flavors of the particular region down there. And I think they did a good job of digging into what the true problems were and catering to what the people were looking for in local pizza.

O caso da Pizza World foi muito interessante e eu me identifiquei com ele porque quando eu viajo ao Brasil perto do hotel onde geralmente fico tem um restaurante que se chama "Miami Pizza." E Miami Pizza, para mim, deu a impressão que teria uma pizza americana, mas o fato é que a pizza deles não era nada americana. Então eu acho que é interessante que mais alguém já teve que passar pelo mesmo processo e descobrir que a típica pizza que os americanos gostam ou a tradicional pizza italiana não teve muito sucesso lá. Acho impressionante que eles reconheceram esse problema e descobriram que se mudassem para uma pizza mais local com sabores locais que eles teriam mais sucesso. Depois de descobrir o problema eles começaram com os gerentes e fizeram um novo treinamento com eles. Daí eles também trabalharam com os funcionários e com os gerentes para criar mais confiança neles. Também achei impressionante que eles treinaram os gerentes como se eles fossem sócios na empresa para que eles se sentissem donos dela. Assim eles sentiam que faziam parte da solução dos problemas e parte do esforço de criar um sucesso. Eu acho que o nome americano da Pizza World tem algum peso lá e acho que foi sábio manter o nome da Pizza World. E outra vez acho que foi sábio descobrir quais eram os sabores locais e realmente enfatizar mais esses sabores locais daquelas regiões. E eu acho que eles fizeram um bom trabalho de descobrir quais eram os verdadeiros problemas e oferecer o que as pessoas queriam numa pizza local.

Elizabeth Lowe
Well, having been a consumer of Brazilian pizza since my childhood, I can say that I think Brazilian pizza is the best in the world, and it would be very difficult for an American fast food chain to compete with that. I think that Pizza World has made a number of the basic missteps that a lot of fast food companies and franchises make when trying to set up in different countries around the world and for different audiences. And Pizza World apparently made a

number of these basic mistakes: in misassessment of their target audience and in trying to sell something that does not have value in the target culture. I think the first thing is the issue of taste. Brazilian pizza tastes very solid. It is full of delicious cheeses, and it is a little thinner than our pizza, which has a thicker crust. It is really something that appeals very distinctly to the Brazilian palate. The American-style pizzas, with their multitude of choices and multitude of crusts, are overwhelming to the Brazilian, and they do not even want to deal with them. They really like their own pizza. So why go in for all these choices for something that really does not taste as good and does not satisfy their palate? The issue of the time of day the pizza is eaten is also significant. I mean, Brazilians honor their formal lunchtime. They consider their main meal to be the lunch meal, at which the family gathers, typically in the home. And they eat a full-course meal, and it is a tradition that is very difficult to break. Even in modern-day Brazil and the urban setting, workers will stop at the lunch hour and go to the office canteen and have a full lunch with rice and beans and vegetables and juice and everything else. Pizza is considered to be definitely a weekend activity. And it is accompanied by a draft beer, and a very relaxed social environment, and people are not out to eat pizza to actually satisfy their basic nutritional needs, if you will. So I think that that's the basic fallacy in the Pizza World story, that they are trying to insert a product in Brazil that really does not have value for the Brazilian consumer.

Bem, tendo consumido a pizza brasileira desde a minha infância, eu posso dizer que acho que a pizza brasileira é a melhor do mundo, e seria muito difícil para uma rede de *fast food* americana competir com isso. Eu acho que a Pizza World cometeu muitos erros básicos que muitas redes e franquias de *fast food* cometem quando tentam se estabelecer em outros países e para outros públicos. E a Pizza World aparentemente cometeu alguns desses erros básicos e falhou ao alcançar o público alvo, e ao tentar vender algo que não tem muito valor na cultura alvo. Eu acho que a primeira coisa é a questão do gosto. A pizza brasileira tem um sabor muito sólido. É cheia de queijos deliciosos e é um pouco mais fina que a nossa pizza, que tem uma massa mais grossa. É realmente algo bem particular do paladar brasileiro. O estilo de pizza americano, com as muitas opções de massas diferentes cansam o brasileiro, e eles nem querem saber. Eles realmente gostam da sua própria pizza. Então porque buscariam todas essas opões de algo que nem é tão gostoso e nem satisfaz o paladar deles? A questão da hora do dia em que se come pizza é também importante, quero dizer, os brasileiros preservam a hora do almoço. Eles consideram o almoço como a principal refeição, na qual a família se reúne, normalmente em casa, e eles comem uma refeição completa e é uma tradição muito difícil de ser quebrada. Mesmo no Brasil moderno e nos centros urbanos, trabalhadores param na hora do almoço e vão no refeitório da empresa para ter um almoço completo com arroz e feijão e legumes e suco e tudo mais. A pizza é considerada definitivamente como algo para o fim de semana. Algo para acompanhar um chopp, em um ambiente social bem relaxado e as pessoas não saem para comer pizza para exatamente satisfazer as suas necessidades nutricionais. Então, eu acho que essa é basicamente a razão da falência da estória da Pizza World, que eles estão tentando inserir um produto no Brasil que realmente não tem valor para o consumidor brasileiro.

Wendy Anderson

I wonder if Pizza World's executives wished that they had consulted with someone in Brazil sooner rather than later. It seems to me that they waited too long to seek some local advice. I also wonder whether they did a market study before they tried to penetrate the market to see if there was even a need or a niche that they would be filling or any desire from anyone there to even eat American pizza. There is a huge Italian population in Brazil, and there is already pizza in Brazil. So it is not introducing a new product. It is a different product, and I do not know if it is necessarily a better product. I would be very interested to see if Brazilian pizza could be introduced into the United States market. And I think before that is attempted, a market study should be done by experts with some testing in strategic locations. I think the marketing should definitely be to the youth of America, because they consume a lot of pizza, and I do not see that trend diminishing at any time in the near future. I think strategic endorsements—again by rock stars or rappers—advertising, and the Internet could make a new pizza product very successful in the United States, not only in restaurants but perhaps also in the frozen pizza market, which is a very large market in the United States and again will not be diminishing at any time in the near future. The combination of US and Brazilian marketing and product, I think, would be very interesting in the United States. I think it has happened to a certain respect with other products. And I think that for pizza, the demand is already here in the United States. So I think it would be a very logical market, and I would try the *catupiry* cheese with the Brazilian pizza here in the United States. Americans consume a lot of cheese, and I think that combination would provide a hook for a new product, a new taste for an existing product that people already eat, and then perhaps that could even be expanded to other products that use that type of cheese, again both in the frozen and in the fresh market and in restaurants. So I think that Pizza World should rethink their marketing strategy and think about bringing Brazilian pizza back to the United States, and now that they have got the contacts in Brazil in the industry, they would seem to me to be the logical entity to do that. And in introducing the product in the United States, I think it would stand a better chance of success if it were introduced by an existing pizza company that already had the name-brand recognition but was introducing a new product. So you could go to a Pizza Hut or Domino's or Papa John's—one of the many pizza companies that are already established—and just introduce a new product, and then expand from there. I think that would enhance the chance of success or certainly expedite it.

Eu me pergunto se a Pizza World se arrepende por não ter consultado alguém no Brasil antes ao invés de "depois". Parece-me que eles demoraram muito para procurar alguém para fazer consultoria local. Eu também me pergunto se eles fizeram um estudo de mercado ou não, antes de tentar penetrar no mercado para ver se existia ou não a necessidade ou um nicho para ser preenchido. Ou qualquer desejo de alguém por lá, de comer pizza no estilo americano. Existe uma população enorme italiana no Brasil, e já existe pizza no Brasil. Então, a questão não era introduzir um novo produto, era introduzir um produto diferente. E eu não sei se era necessariamente um produto melhor. Me interessaria muito saber se a pizza brasileira poderia ser introduzida no mercado americano. E eu acho que antes de se tentar, deve ser feito um estudo de mercado por gente especializada, com alguns experimentos em lugares estratégicos. Eu acho que o marketing deveria certamente ser direcionado para os jovens americanos, porque eles consomem muita pizza e eu não vejo que isso vai mudar no futuro próximo. Eu acho que o endosso estratégico por, de novo: estrelas do rock, cantores de rap, propagandas e a internet poderiam trazer muito sucesso para uma nova pizza nos Estados Unidos, não somente em restaurantes, mas talvez no ramo de pizzas congeladas, que é um mercado enorme nos Estados Unidos e que, de novo, não vai diminuir no futuro próximo. A combinação dos Estados Unidos e Brasil na promoção e no produto. Eu acho que seria muito interessante nos Estados Unidos. Eu acho que deve ter acontecido até certo ponto com outros produtos. E eu acho que a pizza, eu acho que a demanda já existe aqui nos Estados Unidos. Então eu acho que seria um mercado bem lógico e eu tentaria o queijo catupiry na pizza brasileira aqui nos Estados Unidos. Americanos consomem bastante queijo e eu acho que a combinação significaria um gancho para o novo produto, um novo sabor para um produto que já existe e que as pessoas já comem. Então talvez, isso poderia até ser estendido para outros produtos que usem esse tipo de queijo, de novo no mercado de congelados e alimentos e também em restaurantes. Então, eu acho que a Pizza World deveria repensar a estratégia de marketing utilizada e pensar em trazer a pizza brasileira para os Estados Unidos. E agora que eles têm os contatos nessa indústria no Brasil, me parece lógico que eles sejam a entidade a fazer isso. E ao introduzir o produto nos Estados Unidos, eu acho que teriam mais chance de sucesso se fosse introduzido por uma rede de pizza já existente que já tenha o reconhecimento da marca, mas que estaria introduzindo um novo produto. Então você poderia ir a Pizza Hut ou Domino's ou Papa John's, uma das muitas redes de pizza que já estão estabelecidas e simplesmente introduzir um novo produto, e depois expandir a partir disso. Eu acho que isso aumentaria as chances de sucesso ou certamente poderia acelerá-la.

Comments from Brazilian Executives
Senichiro Koshio

Pizza é um alimento extremamente popular no Brasil. Todos nós comemos. E nós queremos, gostamos de pizzas boas, saborosas, que a gente sente prazer de comer. E tem boas pizzarias em São Paulo e no Brasil inteiro. Então nesse ambiente, uma empresa que quer vender pizza como um *fast food* não vai dar certo, na minha opinião, tão grande quanto uma boa pizzaria. Pode funcionar, e funciona, tem funcionado. Conheço algumas pizzarias *fast food* assim, mas simplesmente a gente não compara com pizzarias tradicionais. No que se refere ao estilo de gestão de pessoas, a minha idéia é de que a gestão tradicional é melhor do que uma gestão participativa dos funcionários. Porque as pessoas em geral, no caso, brasileiros estão mas acostumados a seguir ordens, a seguir instruções, no caso de funcionários e dar ordens no caso dos gerentes e dos donos. E se você deixar que os funcionários tenham uma abertura participando na administração, na minha opinião vira uma bagunça. Cada um vai querer fazer de um jeito. Vai querer fazer do jeito que ele gostaria que fosse e as opiniões acabam se desvergindo de tal forma que perde a unidade. Então para uma empresa grande eu acho melhor que seja uma gestão tradicional. Mas para uma empresa pequena, por exemplo uma pizzaria, aí sim pode ser que até um certo ponto participativa. Mas numa pizzaria para que tem que ter uma participação dos funcionários? Eu acho que não precisaria ter. Então recomendaria no fim das contas a gestão tradicional.

Pizza is an extremely popular food in Brazil. We all eat it. We want and we like good, tasty pizzas, those that are a pleasure to eat. And there are good pizzerias in São Paulo and in all of Brazil. So in this setting, a company that wants to sell pizza as a fast food will not have as much success, in my opinion, as a good pizzeria. They could exist, they do exist, and they have been working. I am aware of some fast food pizzerias like that, but they just do not compare to traditional pizzerias. Referring to styles of managing people, my feeling is that traditional management is better than participatory management by the employees. Because people in general, in the case of Brazilians, are more used to following orders, or following instructions, in the case of employees, and in giving orders, in the case of managers and owners. And if you open up participatory management to the employees, in my opinion you will end up with a mess. Everyone will want to do it his or her own way. Everyone will want to do things the way that he or she would like it to be, and there are so many opinions that you lose unity. So for a big company I think it is better to have traditional management. For a small company, for example a pizzeria, there may be, to a certain degree, management that is participatory. But at a pizzeria, why do you even need to have the participation of the employees? I do not think you need it. So in the end I would recommend traditional management.

João Worcman

Bom, eu acho que o maior erro da Pizza World quando eles entraram no Brasil foi não ter feito uma pesquisa de mercado para se adaptar ao gosto do brasileiro. Eu acho até que a pizza americana vende no Brasil, por exemplo Domino's Pizza e Pizza Hut que hoje em dia está só em São Paulo. Mas ela vende com um posicionamento de pizza americana, de massa grossa. Realmente uma coisa totalmente diferente da Cantina da Mamma de que se tem a massa fina tradicional do Brasil. Então não ter feito essa pesquisa de mercado realmente custou para a empresa muito tempo e tenho certeza também muito dinheiro em marketing, perda de vendas, etc. Eu acho que o Paulo Teixeira tomou as decisões certas. Ele mudou o cardápio, trouxe mais coisas brasileiras para a pizza. Assim teve uma diminuição de custos junto aos fornecedores porque eram produtos locais. Geralmente adaptou ao gosto do cliente. Ele também trouxe sobremesas, bebidas brasileiras, que também sempre fazem um charme com o consumidor brasileiro. Eu acho que também ele teve uma mudança de estrutura na gerência da empresa na forma como ele abriu. Quer dizer não era necessário mais ter uma hieraquia como antes tinha. Eu acho que é muito positivo porque o *feedback* do gerente por exemplo e dos próprios funcionários para a diretoria é uma coisa muito importante porque na área de serviço você tem que estar sempre falando com seu cliente. Quer dizer, qualquer pessoa da empresa tem que estar disponível ou apto para mandar uma mensagem positiva para o cliente. Então, acho que realmente ele acertou.

Well, I think that the biggest mistake of Pizza World was entering Brazil without having conducted market research to adapt to Brazilian tastes. I actually believe that American pizza does sell in Brazil; for example, you find Domino's Pizza and Pizza Hut today in São Paulo. But it sells by being positioned as American pizza, with thick crust. It is really totally different from Mamma's Cantina, which has Brazil's traditional thin crust. So, because they did not do this market research, it really cost the company a lot of time, and I am sure a lot of money in marketing, loss of sales, and so on. I believe that Paulo Teixeira made the right decisions. He changed the menu, introducing more Brazilian items for the pizza. They also had a reduction in costs from their suppliers because they were local producers. Basically, they adapted things to their clients' tastes. He also introduced desserts and Brazilian drinks—things that created a good feel for the Brazilian consumers. I believe that he also made a change in the management structure of the company in how he opened it up. That is to say, they did not need to have the hierarchy that they had before. I think this is all very positive because it is important for the directors to get feedback from the managers and from the employees themselves. This is because in the service area you are always talking directly with the clients. All this is to say that everybody in the company has to be willing or able to convey a positive message to the client. So I really think that he was right on target.

Solange Srenzewsky

Bom, a introdução da Pizza World no Brasil. Eu acho que foi ao padrão muito americano. Eles chegaram com todos os tipos de *franchise* que existem nos Estados Unidos, as mesmas instalações, as mesmas cores, e isso, trouxe para a memória do brasileiro, que é muito curioso, conhecer esses novos estabelecimentos. Mas a pesquisa, na realidade não foi feita quanto ao paladar. O paladar do brasileiro, principalmente da região de São Paulo, onde se tem uma população de dezoito milhões de habitantes, e a maioria deles descendentes de italianos. A colônia italiana é muito grande em São Paulo, inclusive o nosso português é mais italiano do que qualquer outra parte do Brasil. Na realidade, a nossa pizza é fina, massa fina, é crocante. E os queijos usados e as verduras, as carnes usadas, são todas, lingüiça, uma coisa que não existe aqui, cebola, azeitonas e rúcula, têm muitas pizzas de verdura. E nas sobremesas nós temos maçã, banana, brigadeiro. Nós temos rodízios de pizza. Você paga um preço e você come o quanto você quiser. Então, na realidade, isso não foi pensado. Porque mesmo do gosto mais caro ao gosto mais barato, que é o gosto do rodízio, é o que você paga e come o quanto você quiser. Esta companhia realmente acho que não fez a sua pesquisa de mercado e teve que se adaptar, já que já estava colocada no Brasil, a se adaptar ao gosto e ao paladar brasileiro para poder conseguir mercado. E ela conseguiu fazer, hoje ela está no mercado e inclusive conseguiu introduzir a pizza como um prato de almoço nos shopping centers, nas praças de comida, nos bairros mais afastados, vamos dizer dos Jardins ou perto dos shoppings. Ela está localizada num lugar principalmente visando o mercado estudantil e o mercado de trabalhadores que comem uma pizza inclusive pelo preço e descontos que eles podem ter na hora do almoço. Então eu acho que isso foi uma grande conquista. E também eles trouxeram gostos brasileiros como cerveja Brahma, a nossa mussarela e o catupiry. Então têm produtos nacionais. Acho que conseguiram inclusive baixar o custo da pizza e o preço. Então eu acho que isso foi muito interessante e válido. Mas por outro lado, a pesquisa não foi feita desde o começo, que poderia ter entrado no país de uma outra maneira. Mas eles estão lá e eu espero que eles tenham sucesso.

Well, I think the introduction of Pizza World into Brazil took American standards too far. It arrived in Brazil just like all kinds of franchises that exist in the United States, with the same buildings, the same equipment, and the same colors. Brazilians, who are very curious, wanted to get to know the place. However, the research was not done with respect to their tastes. Brazilian tastes are different, especially in São Paulo, where there are eighteen million people, and most of them have Italian background. The Italian colony is very large in São Paulo, and in fact our Portuguese is more Italian than the Portuguese of anyone from any other region of Brazil. Actually, our pizza has a thin crust, so thin it is crispy. The cheeses, vegetables, and meats used are all different from those used here. The Brazilian style of sausage is something that does not exist here. Onions, olives, arugula—there are lots of vegetarian pizzas. And for dessert we have apples, bananas, *brigadeiros*. We have *rodízio* [all-you-can-eat] pizza restaurants, where you pay once and eat as much as you want. So, actually, this was not well thought out. Because [we have pizza] from the most expensive taste to the cheapest one, which is the *rodízio*, where you pay once and eat whatever you want. This company did not do its market research, and then, since it was already in Brazil, it had to adapt to Brazilian tastes to obtain market share. And it managed to do that. Today, Pizza World is in the market and has even been able to introduce pizza as a lunch meal in the shopping malls, in the food courts, in distant suburbs—let's say in the Jardins [São Paulo's restaurant district] and near malls. It is located at places that target the student and worker markets. Students and workers eat pizza for its price and because of the discounts they may offer during lunchtime. So, I think this was a great accomplishment. Also, they sell Brazilian products, such as Brahma beer, our mozzarella cheese, and *catupiry* cheese. Moreover, I think they were able to lower the cost of the pizza and its price. So I think this was very interesting and valid. On the other hand, the market research was not done from the beginning, and they could have entered the country in a different manner. But now they are there, and I hope they continue to be successful.

Discussion Topics and Questions

1. What are the main advantages of using local suppliers? Do you think that the use of local suppliers reduces costs enough to justify losing authenticity of the original product or service?

2. Pizza World entered Brazil in an extremely difficult market, considering that São Paulo has a tradition of quality Italian pizzas and cuisine. What recommendations would you make to a restaurant introducing a product with strong existing competition due to local cultural heritage?

3. Would you say that American consumers would make the same distinction between a fast-food pizza restaurant and a quality *pizzeria* as Senichiro Koshio suggests that Brazilians do when choosing where to eat? What kind of cultural difference or similarity does that reflect, and what kind of marketing strategy should be used to overcome this negative perception of fast food in Brazil?

4. Senichiro Koshio's view is that a lack of structural hierarchy and too much open communication causes chaos. João Worcman's view is that feedback and interaction between management levels are productive. Who do you agree with in terms of the best management style for this pizza chain in the Brazilian business environment, and why?

5. What are the advantages and disadvantages associated with each management style? Does each style have the same dynamic in any culture? Might each style work better in some cultures than others? Explain.

6. How do you interpret Senichiro Koshio's comment that "Brazilians are used to taking orders"? Is it valid to generalize about a population or culture in this way?

7. Wendy Anderson suggests that it might be interesting to bring some elements of Brazilian-style pizza to the United States. What do you think would be the chances of success? Do you agree with her ideas on how to introduce the product in the United States? What would your strategy be, and would you even attempt to introduce these items? Why or why not?

8. Pizza World has finally been successful by adjusting its menu to please the Brazilian palate and by reducing costs through minimizing the number of people at the corporate headquarters. They have even changed local habits regarding the time when pizza is traditionally consumed. However, what could Pizza World have done from the beginning to avoid the costs they incurred to fix the problems they faced when they entered Brazil?

Tópicos e Perguntas para Discutir

1. Quais são as principais vantagens de utilizar fornecedores locais? Você acha que o uso de fornecedores locais reduz os custos o suficiente para justificar a perda de autenticidade dos ingredientes do produto ou serviço original?

2. A Pizza World entrou no Brasil em um mercado extremamente complicado, considerando que São Paulo tem como tradição pizza e culinária italiana de qualidade. Que recomendações você faria para um restaurante que está introduzindo um produto num mercado muito concorrido devido à herança cultural local?

3. Você diria que consumidores americanos fariam a mesma distinção entre uma pizzaria estilo *fast food* e uma pizzaria "de qualidade" como Senichiro Koshio sugere que brasileiros fazem ao escolher onde comer? Que tipo de diferença cultural ou semelhanças isso reflete e que tipo de estratégia de marketing deveria ser usada para superar essa percepão negativa do *fast food* no Brasil?

4. A visão de Senichiro Koshio é que existe uma falta de hierarquia na estrutura e muita comunicação aberta que causa caos. A visão de João Worcman é que o *feedback* e a interação entre o níveis de gerência são produtivos. Com quem você concorda sobre o melhor estilo de gerenciamento para essa rede de pizzarias no mercado brasileiro?

5. Quais são as vantagens e desvantagens associadas com cada estilo de gerência? Qualquer um desses estilos teria a mesma dinâmica em qualquer

cultura? Alguns estilos funcionariam melhor em algumas culturas ao invés de outras? Explique.

6. Como você interpreta o comentário de Senichiro Koshio de que "brasileiros estão acostumados a seguir ordens"? Você considera válido generalizar sobre uma população e cultura dessa forma?

7. Wendy Anderson sugere que poderia ser interessante trazer alguns elementos do estilo de pizza brasileiro para os Estados Unidos. Quais seriam as chances de sucesso? Você concorda com as suas idéias de como introduzir o produto nos Estados Unidos? Qual seria a sua estratégia e até que ponto você tentaria introduzir esses itens? Porquê ou porque não?

8. A Pizza World finalmente atingiu o sucesso depois de ajustar o cardápio para agradar ao paladar brasileiro e reduzir custos através da diminuição do número de pessoas no escritório central. Eles até mudaram os hábitos locais de em que hora tradicionalmente a pizza é consumida. Porém, o que a Pizza World poderia ter feito desde o começo para evitar os custos de "consertar" os problemas que tiveram ao entrar no Brasil?

9. World Auto Parts

Company:	**WORLD AUTO PARTS**
Focus:	Manufacture of auto parts
Case Objective:	Entering Brazilian market
Cultural Conflict:	Cultural differences in perception of failure, building relationships of trust

Empresa:	**WORLD AUTO PARTS**
Ênfase:	Indústria de auto-peças
Objetivo do Caso:	Penetração no mercado brasileiro
Conflito Cultural:	Diferenças culturais na percepção brasileira e americana de fracasso, a importância de parceiros locais e a confiança nos relacionamentos

Introduction and Synopsis

The World Auto Parts case illustrates several things that a small firm can do right when making a decision to partner with Brazilians. All of the executives who comment on the case, both Brazilian and North American, agree that World Auto Parts took the time necessary to select a good partner. Most of the executives also appreciate the way that World Auto Parts carried out the training of its Brazilian partners, sending them to the main offices in the United States. Solange Srenzewsky felt that it was a show of confidence that proved that the Brazilians were considered full partners. We see in this case that, in spite of the many perceived political and economic risks of investing in Latin America or Brazil, a firm can be successful when its executives analyze their options carefully and consider the technical, strategic, and cultural aspects of the business venture. At the same time, this case also shows the different ways that North Americans and Brazilians traditionally react to past failures. For the Americans, failure provided an opportunity to learn from the mistakes and move to a new level. For the Brazilians, failure was more of an embarrassment, something they were less willing to talk about. In fact, Kevin Christensen notes that he also lost a few opportunities because his company pushed too hard to get Brazilians to talk about past failures.

Introdução e Sinopse

O caso da World Auto Parts mostra várias coisas que uma pequena empresa pode fazer certo ao tomar a decisão de fazer parceria com uma firma brasileira. Todos os executivos que fazem comentários sobre o caso, tanto os brasileiros como os norte-americanos, concordam que a World Auto Parts tomou o tempo necessário para selecionar um bom parceiro. Quase todos também apreciaram a maneira em que a World Auto Parts realizou o treinamento dos parceiros brasileiros, levando-os para a matriz nos Estados Unidos. Solange Srenzewsky achou que isso demostrou uma confiança que provou que os brasileiros foram considerados como parceiros completos. Vemos nesse caso que apesar dos aparentes riscos políticos e económicos que vêm com o investimento na América Latina e no Brasil, uma empresa pode ter sucesso quando faz uma análise cuidadosa das opções que tem e quando considera os aspectos técnicos, estratégicos e culturais da atividade profissional. Ao mesmo tempo, esse caso também mostra as diferentes maneiras em que o norte-americano e o brasileiro reagem aos fracassos anteriores. Para os norte-americanos, o fracasso estabelece a base para aprender do erro e continuar num novo nível mais alto. Para os brasileiros era mais uma sensação de vergonha, alguma coisa que não queriam comentar muito. Aliás, Kevin Christensen menciona que ele já perdeu algumas oportunidades porque a empresa dele insistiu demais, querendo que os brasileiros falassem dos seus fracassos do passado.

Case: World Auto Parts

In today's globalized business climate, opportunities abound for expanding internationally in order to increase market share. However, as tempting as new markets may appear, the decision to take a business abroad involves high risk and requires extensive research to formulate a solid business plan. In the case of World Auto Parts, the risk was especially great because it is a relatively small firm. Small firms tend to face more difficulties entering new markets due to lack of resources with which to expand and the absence of the advantage of brand recognition that larger firms have.

When the opportunity arose for World Auto Parts to produce a series of parts for Latin America, the company was faced with the decision of whether to produce the pieces in the United States. This decision required World Auto Parts to consider the legal issues related to exporting as well as high delivery and labor costs. The other options were to outsource the work to an existing firm or to partner with a Latin American firm. The person delegated to analyze the costs and benefits of the Latin American project was the International Director, Jeff Thompson. Thompson was considered the best choice because he already had some international experience with the company's partners in Europe.

In the decision process, one of Thompson's main concerns was the fact that Brazil and Latin America in general tend to be characterized by economic and political instability. This inhibits many foreign firms, especially small ones, from entering such a challenging market. Notwithstanding, during the past few decades the auto industry has thrived in Latin America, with the installation of many successful manufacturing and assembly plants for various international automakers. After some preliminary research, Thompson decided to take the US firm to Brazil. He based his decision on three major points: quality, price, and delivery. He felt confident that he could find a Brazilian firm that could be trained to produce the exact quality pieces desired, that could produce the pieces cheaper than outsourcing, and that produced them in a strategically convenient location in Brazil, near where the cars would eventually be assembled.

Upon finalizing this decision, Thompson set out to find a reliable Brazilian partner firm. Once the Brazilian firm was identified, World Auto Parts would be able to provide it with the technology and training to manufacture the specified pieces. In an effort to cover all angles for achieving success, Thompson formed a team of several individuals with varying fields of expertise to begin the search for a partner firm. The team included Thompson, a Brazilian consultant to assist in the cultural and legal nuances of the region, and an American engineer from the home company to handle technical issues.

Finding the right partner in whom to place trust is key when establishing any type of business relationship in Brazil, whether it be an individual or a company. The team knew that the process of finding a partner needed to be approached properly and therefore would be time-consuming. They spent months contacting approximately one hundred firms and setting up meetings with those that seemed to be appropriate potential partners. The objective of each meeting was to check the quality of the current manufacturing work and the compatibility of the company's infrastructure and philosophy with that of World Auto Parts.

In most meetings the team found it easy to discuss issues such as price, organizational structure, the logistics of tasks to be completed in Brazil, how labor would be divided, and so on. However, the team was surprised to find how uncomfortable Brazilians became when they were asked to share their experiences about failures, lessons learned in the production of parts, and how to avoid repeating mistakes. The American manufacturers considered these lessons to be valuable and important to help with future production, but their Brazilian counterparts often became defensive, apparently feeling that any type of error was not a lesson upon which to improve but a source of embarrassment or shame.

After many meetings and much discussion, the team identified an ideal partner and agreed upon the primary business details. The next important step was the matter of training the new firm for production. Instead of immediately installing expensive machinery in the new location in Brazil and taking Americans down to show the Brazilians what to do, World Auto Parts brought upper-level Brazilian technicians and operator supervisors to the United States. The idea was for the Brazilians to get first-hand training at the original plant in production and machine maintenance, which they would in turn pass on to the operators in Brazil. After this initial training period, the Brazilians returned to their plant to work with the new equipment. Later, Americans from the home plant went down to Brazil to check the status of all installations. This training approach gave the Brazilian partner "ownership" of the manufacturing process, assuring its management a certain level of autonomy in the partnership and letting them know that the home office trusted them.

In conclusion, the success of World Auto Parts in partnering with a Brazilian firm was due to rigorous preliminary research and use of a multifunctional team that formulated a detailed business plan and executed it properly after establishing a solid, trusting relationship with the new partner. The Brazilian partner finally chosen was reliable and capable of manufacturing quality parts in an independent fashion after training, so the American firm did not have to relocate home employees to run the new plant. In this way World Auto Parts economized in staffing abroad, and the Brazilian employees did not having to deal with completely new management while learning to manufacture new parts.

Caso: World Auto Parts

Atualmente, no clima globalizado dos negócios, são abundantes as oportunidades para expandir internacionalmente com a intenção de aumentar a participação no mercado. Porém, mesmo que os novos mercados pareçam tão tentadores, a decisão de levar uma empresa para o exterior envolve alto risco e requer uma pesquisa extensiva para formular um sólido plano de negócios. No caso da World Auto Parts o risco era especialmente alto já que é uma empresa relativamente pequena. Empresas pequenas tendem a enfrentar maiores dificuldades ao entrar em novos mercados devido à falta de recursos com os quais expandir e ao fato de não terem ainda o reconhecimento da marca como as grandes firmas têm.

Quando a oportunidade surgiu para a World Auto Parts produzir uma série de peças para a América Latina, a companhia se defrontou com a opção de produzir as peças nos Estados Unidos. Isso significava encarar questões legais relacionadas à exportação assim como altos custos de entrega e folha de pagamento. As outras opções seriam a possível terceirização através de firmas já existentes ou parcerias com firmas latino americanas. O indivíduo encarregado de analisar o custo-benefício do projeto latino americano foi o Diretor Internacional, Jeff Thompson. A companhia sentiu que Thompson era a melhor opção já que ele já tinha alguma experiência internacional com parceiros da World Auto Parts na Europa.

No processo de decisão, uma das maiores preocupações de Thompson era o fato de o Brasil, e a América Latina em geral, terem a tendência a serem caracterizados pela instabilidade política e econômica. Isso inibe muitas firmas estrangeiras, especialmente as pequenas, de entrar em mercados tão desafiantes. Não obstante, durante as últimas décadas a indústria automobilística prosperou na América Latina com a instalação de muitas plantas de produção e montagem de várias indústrias automotivas internacionais. Depois de um pouco de pesquisa preliminar, Thompson decidiu levar a firma americana para o Brasil. Ele baseou a sua decisão em três pontos principais: qualidade, preço e distribuição. Ele se sentiu seguro de que poderia encontrar uma firma brasileira que pudesse ser treinada para produzir a exata quantidade de peças desejada, com um preço mais barato do que terceirizar, e em uma localização estrategicamente conveniente no Brasil, onde carros eventualmente seriam montados.

Depois de finalizar essa decisão, Thompsom começou a procurar uma firma brasileira confiável para fazer parceria. Assim que essa firma fosse identificada, a World Auto Parts seria capaz de fornecer a tecnologia e treinamento para a produção das peças específicas. Em um esforço de cobrir todas as possibilidades de conquistar o sucesso, Thompsom formou uma equipe de diversos indivíduos, com *expertise* em diferentes áreas, para começar a busca por uma empresa-parceira. O time incluiu Thompson, um consultor brasileiro para assessorar nas nuances culturais e legais e um engenheiro americano para lidar com as questões técnicas.

Achar o parceiro ideal no qual confiar é crucial em qualquer tentativa de estabelecer relações de negócio com o Brasil, independente de ser uma pessoa ou uma companhia. A equipe sabia que o processo de encontrar uma parceria consumiria muito tempo e deveria ser abordado apropriadamente. Eles passaram meses contactando aproximadamente cem firmas e marcando reuniões com aquelas que mostravam potencial de uma boa parceria. O objetivo de cada reunião era verificar a qualidade do atual trabalho de produção e a compatibilidade entre a infraestrutura da empresa e a filosofia da World Auto Parts.

Na maioria dos encontros, a equipe achou muito fácil discutir questões como preços, estrutura organizacional, a logística de tarefas a serem completadas no Brasil, como o trabalho seria dividido, etc. No entanto, a equipe se surpreendeu ao ver o quão inconfortáveis os brasileiros se sentiam ao divulgar seus fracassos, as lições aprendidas na produção das peças em questão, e como evitar a repetição desnecessária de erros. Parecia que, enquanto os industriais americanos consideravam essas lições muito valiosas e importantes para ajudar com a produção futura, os brasileiros muitas vezes se mostraram na defensiva e sentiam que qualquer tipo de erro não servia como lição para melhorar, mas sim como fonte de vergonha.

Depois de muitas reuniões e muita discussão, a equipe identificou um parceiro ideal para trabalhar e concordou com os primeiros detalhes do negócio. O próximo passo importante era o treinamento da nova firma para produção. Ao invés de instalar imediatamente maquinário na nova sede brasileira e trazer americanos para mostrar aos brasileiros o que fazer, a World Auto Parts levou técnicos brasileiros de alto nível e supervisores de operação para os Estados Unidos. A idéia era dar treinamento de primeira mão aos brasileiros na planta original, em termos de produção e manutenção de maquinários, o qual eles repassariam aos operadores no Brasil. Depois desse período inicial de treinamento, os brasileiros retornaram à sua planta para trabalhar com o novo equipamento. Depois, americanos vindos da planta original, foram ao Brasil verificar o estado das instalações. Esse treinamento deu ao parceiro brasileiro domínio do processo de manufatura, garantiu a eles um certo nível de autonomia na parceria e mostrou que o escritório de origem confiava neles.

Concluindo, o sucesso da World Auto Parts na parceria com a firma brasileira se deve à rigorosa pesquisa preliminar e ao uso de uma equipe multifuncional que formulou um plano de negócios detalhado e o executou apropriadamente depois de estabelecer um relacionamento sólido e de confiança com a firma parceira no Brasil. Essa firma era confiável e capaz de produzir independentemente peças de qualidade depois do treinamento, de forma que a firma americana não precisou realocar funcionários americanos para "tocar" a nova planta. Assim, a World Auto Parts economizou em quadro de funcionários e ao mesmo tempo teve sucesso com os já existentes que não precisaram lidar com uma gerência completamente nova que os liderou na produção das novas peças.

Comments from North American Executives
James Riordan
In this case study World Auto Parts presents a different type of challenge. This organization wanted to produce auto parts in a growing industry. There is a market that is clear. There does not seem to be a lot of cultural distinction between who will like one auto part or another. So it seems like a fairly benign area to get into. The organization also chose a member of their group who had international experience. Although this experience was in Europe, which has a radically different culture, they figured that that would be an added advantage. As it turned out, he must have had a Latino personality and experience putting organizations together abroad. Another interesting aspect is the amount of time that World Auto Parts dedicated to interviewing potential future partners. I think that it was months and months and months. So they did not just jump into an unknown quantity and set up business. They took time, and also they established a multifunctional team in which each member had different qualities, which allowed them to get a composite picture of what Brazil would be about, what the economy would be about, what the culture would be about—another added advantage. Thirdly, they had the idea of taking up their higher-echelon partners from Brazil to do training up in the States. To involve these people in the whole process of what was going on in the States and bring down that technology with them when they returned. It appeared to work very well, as they say the Brazilians there felt like full partners in the organization. There are many organizations, though, that have attempted to bring up lower-level, lower-echelon members—mechanics or carpenters—and this has caused a complete disaster when they return because they discover that the economic level of their colleagues up in Peoria or in Detroit doing the same amount of work is possibly a hundred times higher: people with

cars, swimming pools, nice homes. When these Brazilians come back, even though they do have a nice job, they are very disappointed that they are not earning at the same income level. So it can have a reverse effect. Instead of creating a sense of ownership, it will create a sense of inappropriate economic development.

Nesse caso a World Auto Parts apresenta um desafio diferente. Essa organização quer produzir peças para os carros numa indústria que está crescendo. Tem um mercado claro. Parece que não tem muitas distinções culturais na decisão entre uma ou outra peça para carros. Então parece que a entrada nessa área não deve ter muitos perigos. A organização também escolheu um membro do grupo que já teve experiência internacional. Embora essa experiência tenha sido na Europa, a qual tem uma cultura muito diferente, eles acharam que isso daria para eles mais uma vantagem. E no final parece que ele teve uma personalidade bem latina e teve experiência em montar uma organização no exterior. Um outro aspecto interessante é o tempo que a World Auto Parts se dedicou para entrevistar seus futuros sócios. Acho que eles levaram meses e meses e meses. Então eles não entraram para criar o negócio de repente com pessoas que não conheciam. Eles tomaram o tempo necessário para estabelecer uma equipe multifuncional, uma em que cada membro tinha diferentes qualidades que ajudavam a entender como seria a situação brasileira e como seria a economia e como seria a cultura. Tudo isso lhes deu outras vantagens. Terceiro, eles tinham a idéia de pegar os sócios de alto comando no Brasil e levá-los aos Estados Unidos. Eles queriam mostrar para essas pessoas o processo completo sobre o que estava acontecendo lá e depois trazer essa tecnologia de volta quando eles voltassem. Parece que isso deu muito certo porque diz que os brasileiros sentiram que eles eram sócios completos na organização. Ao mesmo tempo, sei de muitas organizações que tentaram mandar funcionários de baixo nível, pessoas como mecânicos, carpinteiros, e isso causou um desastre total depois quando voltaram porque essas pessoas ficaram sabendo do nível econômico dos seus colegas em Peoria ou em Detroit, pessoas que faziam o mesmo trabalho mais estavam recebendo cem vezes mais dinheiro, pessoas com carros, piscinas, casas boas. Então quando esses brasileiros voltaram, apesar do fato que eles tinham um bom trabalho, eles ficavam decepcionados porque não ganhavam tanto como os outros. Então pode ter um efeito negativo. Em vez de criar uma sensação de fazer parte da empresa, isso criou uma sensação de desenvolvimento econômico inapropriado.

Kevin Christensen

This case is actually more in line with my personal experience in the last six months in Brazil. We went through the process of trying to find a couple of partners for us in Brazil. And via the Internet and phone conversations we probably started with about fifty companies that we were looking to partner with. We narrowed it down to about twenty. We had some detailed conversations over the phone and went down and visited with them about six or seven months ago and selected two partners for us. And some of the things that we considered with our partners were who could commit to us and who could have a relationship with us that was in line with the future that we wanted to build down in Brazil. The things that we considered were should we have a partner that would just resell our product down there, or a partner that would assemble our products in Brazil and sell them down there. And it was very important that we understood and we had a good relationship with one of the partners actually as a consultant that would help us with the taxing and the importing duties and the fees aligned with those. And Brazil is probably the highest taxed country as far as importing into it and reselling a product made outside of Brazil. And that weighed heavily on our decision to end up not producing the product in Brazil but solely to import it and then have our partners resell it. Part of the reason was that in order to do that we would have to totally disassemble or send them totally subcomponent parts, and have them assemble them in Brazil. And of our competitors, there is only one competitor doing that now for our main products in Brazil. Most of our competitors are doing the same thing that we are doing. And so we felt that at this time it was best to have partners that would resell our products. The things that we looked for in partners were partners that could commit to having not quite an exclusive but a semi-exclusive relationship with us. And in return for that, as we found business in the United States via our website or via other publications or trade shows that we did, we would in turn guarantee that those two companies would get that business. And we would select which one was best suited for that. So we found companies that were very interested in that type of relationship—not quite an exclusive but a semi-exclusive relationship. We went through a process of about four visits before we actually signed up with these partners and made sure that they were lined up with where we wanted to go—that we understood where they were going with their business and that it would be a good venture for both of us. The thing that I liked that World Auto Parts did is that they did something similar. They built a team, and they had someone who had ownership of the project. And he built a team of people around him who understood the different components of what they wanted to do—almost like a due diligence type of project. And I think that was wise. I think, from reading the case, that they had the right guys doing it. They understood the international type of business, and they understood that there were going to be cultural differences, also. One thing that we found also is that companies in Brazil do not particularly care to discuss in detail some of the failures that they have had. Where we saw them as opportunities to grow and to correct business problems, they see them more as a weakness. And so I think that we lost a couple of opportunities because we pushed a little too hard to understand those problems that they had had in the past. I think it was wise that World Auto Parts understood that also. I really like how they went after the partners, and how they understood what they were doing. They brought their partners, or the managers, to the United States to train them there. That was one of the first things that they did, to show them that they were really interested and vested in that. And I think that was a great move on their part.

Este caso está relacionado mais com a experiência pessoal que eu tive nesses últimos seis meses no Brasil. Nós também passamos pelo processo de buscar sócios brasileiros. Através da internet e através do telefone nós começamos com mais ou menos cinqüenta empresas das quais entre elas buscamos uns futuros sócios. Dessas escolhemos umas vinte. Tivemos mais conversas no telefone e daí fomos para lá e uns seis ou sete meses atrás escolhemos dois sócios para nós. E alguns dos fatores que consideramos na decisão é que queríamos pessoas que pudessem se comprometer e ter uma relação conosco e que poderiam fazer parte da visão que nós queríamos construir no Brasil. Entre os fatores que consideramos, queríamos um sócio que pudesse vender o nosso produto lá ou que pudesse montar os nossos produtos no Brasil e depois vendê-los ao público. Era muito importante que nós entendêssemos e que nós tivéssemos uma boa relação como os nossos sócios porque a gente ia depender deles para a assessoria sobre as taxas, os impostos e todas as outras tarifas associadas com isso. O Brasil é um dos países que tem as mais altas taxas relacionadas à importação e à venda de produtos produzidos fora do Brasil. Aliás essa foi uma parte importante em nossa decisão de não produzir o produto no Brasil mas só importá-lo e depois pedir que os sócios o revendessem. Parte do motivo disso foi porque para fazer tudo isso a gente teria que desmontar o produto ou mandar todos os subcomponentes para serem remontados no Brasil. Entre os competidores que temos, só tem um que está fazendo isso com o nosso produto no Brasil. A grande maioria dos competidores estão fazendo a mesma coisa que nós. Então no final achamos que por enquanto seria melhor ter uns sócios que poderiam revender os nossos produtos. Uma outra qualidade que buscamos nos sócios era a de ter a capacidade de trabalhar não exclusivamente mas quase exclusivamente conosco. Por outro lado, quando nós achássemos negócios nos Estados Unidos, através de nosso site de internet ou através de outras publicações ou feiras, nós poderíamos garantir que esses sócios receberiam todos aqueles negócios, e que nós escolheríamos que sócio seria melhor para aquele negócio. Então nós achamos algumas empresas que estavam muito interessados nesse tipo de relação, não exclusiva mas quase exclusiva. Passamos pelo processo de umas quatro visitas antes de estabelecer um contrato e de finalizar os detalhes do que a gente quer fazer. Nós ficamos entendendo onde eles queriam fazer negócios e que seria um bom negócio para nós dois. O que eu gostei da World Auto Parts é que eles fizeram uma coisa parecida. Eles tomaram o tempo necessário e eles tinham alguém que se sentia dono do projeto. E através dele eles criaram uma equipe que entendeu todos os componentes do que eles queriam fazer. Era mais ou menos como um projeto de pesquisa cuidadosa. Acho que isso foi bem esperto. Eles colocaram as pessoas certas, quer dizer eles tinhas as pessoas certas para realizar o trabalho. Eles entenderam os negócios internacionais e também entenderam que haveriam diferenças culturais. Uma coisa que nós soubemos também é que as empresas brasileiras não gostam de falar em detalhes sobre os fracassos que já sofreram. Nós vemos isso como uma oportunidade de crescer e corrigir esses problemas, eles vêem isso como uma debilidade. Então eu acho que perdemos algumas oportunidades porque insistimos demais para saber desse problemas que tiveram no passado. Acho que foi bom que eles entenderam isso. Eu gostei muito de como eles escolheram os sócios e como eles entendiam o que os outros faziam. Também eles levaram os sócios e gerentes para os Estados Unidos para treiná-los lá. Essa foi uma das primeiras coisas que eles fizeram para mostrar que eles realmente estavam interessados e comprometidos. Acho que foi muito bom da parte deles.

Wendy Anderson
I think World Auto Parts was very smart in doing the vast amount of due diligence which they apparently did, and I think it paid off for them. I think planning is crucial in any new business venture, particularly when you are entering a new market. And they clearly spent the time and did the due diligence to find the right partner. And I think it should work very well for them. I think this could be a model for different industries looking to expand into Brazil in different sectors, particularly in anything that requires manufacturing because

Brazil has such a large workforce. Brazil has a very large population, and there are a lot of people in Brazil looking for jobs, particularly the higher-paying jobs that a World Auto Parts–type facility could provide. I think this model could be implemented in the manufacturing sector in different parts of Brazil. Now, Brazil in certain areas lacks a certain infrastructure. So you would need to include that in your due diligence if you were not going to put a plant in São Paulo or one of the highly developed parts of the country. That is one of the issues that would need to be looked at, but the workforce would be there in these outlying areas. But you would have to see if the infrastructure was sufficient to get the raw materials in and the products out. Of course Brazil has so many raw materials that if you could find a product where the raw materials were in Brazil and you would not have to import them, you could cut your initial capital costs, I think, tremendously, and really provide a higher profit margin. I think some areas in Brazil that could provide opportunity or niches that could be filled are in the security area. Security is a big issue in Brazil, and I think that will only increase. So any security-driven products that could be manufactured in Brazil, I think, would be successful, again after the right amount of planning and due diligence and finding the right partners. World Auto Parts was very smart in partnering up and very smart in spending the time to find the right partner. But I think this was a very good model where they found the right partner. They opened, and now they are just going to work together in providing a good product and make money. This was a good product because there are so many cars in Brazil, and that is only going to continue. There are going to be more and more cars in Brazil—especially as the economy improves and people have more disposable income. They will be buying more cars, and they will need parts.

Eu acho que a World Auto Parts foi muito esperta em fazer uma pesquisa cuidadosa, o que aparentemente eles fizeram. E eu acho que, para eles, valeu a pena o investimento. Eu acho que o planejamento é essencial em qualquer tentativa de novo negócio, particularmente quando se está entrando em um novo mercado. E eles claramente levaram tempo e fizeram a lição de casa para achar o sócio ideal. E eu acho que vai dar muito certo para eles. Eu acho que isso poderia ser um modelo para indústrias diferentes que planejam expandir pelo Brasil em setores diferentes, particularmente em qualquer coisa que necessite de produção, porque o Brasil tem uma força de trabalho imensa. O Brasil tem uma população enorme, e existe muita gente no Brasil procurando empregos, particularmente os empregos mais bem pagos que a planta da World Auto Car poderia oferecer. Eu acho que esse modelo poderia ser implementado no setor de produção em diferentes partes do Brasil. Agora, falta uma certa infra-estrutura no Brasil em determinadas áreas. Então você deveria incluir isso no seu plano estratégico caso você não vá instalar a sua planta em São Paulo ou em uma das áreas bem desenvolvidas do país. Essa é uma das questões que você deveria considerar, mas a força de trabalho existe mesmo nessas áreas mais afastadas. Mas você teria que verificar se a infra-estrutura é suficiente para trazer a matéria prima e distribuir os produtos. Claro que o Brasil tem muita matéria prima e se você puder achar um produto cujas matérias primas estejam no Brasil e você não precisa importá-las, você pode diminuir seus custos de capital inicial, eu acho, tremendamente, e realmente gerar uma margem de lucro mais alta. Eu acho que algumas áreas do Brasil que poderiam gerar oportunidades ou nichos para serem preenchidos estão na área de segurança. Segurança é uma questão importante no Brasil, e eu acho que será cada vez mais. Então, qualquer produto direcionado à segurança que possa ser produzido no Brasil, eu acho que faria muito sucesso, de novo, depois do devido planejamento e pesquisa detalhada, e encontrando os sócios certos. A World Auto Parts foi muito esperta nas suas associações e muito esperta em usar seu tempo para encontrar o sócio ideal. Mas esse, eu acho foi um modelo muito bom, onde eles acharam o parceiro certo. Eles abriram e agora eles vão simplesmente trabalhar juntos em promover um bom produto e ganhar dinheiro. Esse era um bom produto, porque existem muitos carros no Brasil e vão sempre existir. Haverá cada vez mais e mais carros no Brasil. Especialmente, assim que a economia for melhorando, as pessoas terão mais recursos sobrando. Eles vão comprar mais carros, e vão precisar das peças.

Comments from Brazilian Executives
Senichiro Koshio

Quando a gente não sabe do que se trata, quando está enfrentando alguma coisa que não se sabe direito ainda, você tem que incluir alguém na equipe alguém que entenda sobre esse assunto. Então quando se trata de um projeto no Brasil, sem dúvida tem que trazer alguém que entenda do Brasil, que é o brasileiro. E o brasileiro se entende melhor com brasileiro. Como americano se entende melhor com americano. Como japonês se entende melhor com japonês. Então o negócio, o projeto vai mais, com maior eficiência, anda mais tendo alguém local. Então é fundamental ter uma equipe multifuncional tendo alguém que entenda de cada assunto. E quando se trata do Brasil, um brasileiro na equipe. Agora no que se refere a experiência negativa do passado, o brasileiro de fato se sente meio envergonhado de comentar sobre casos de fracasso. É porque o brasileiro gosta de se sentir bem, aparecendo bem. Gosta de se aparecer, de sair bem na foto. Então, ele não gosta de comentar de fato sobre fracassos. Se tem fracassos, tenta esconder. De certa forma isso faz com que ele não reflita sobre os fracassos e vai cometendo os mesmos fracassos depois também. Mas isso faz parte da natureza humana, no caso do brasileiro. Mas é uma questão de conversar abertamente e daí as pessoas se entendem e aprendem com essas experiências negativas do passado. Eu acho que isso é importante para o brasileiro e também para qualquer outra pessoa de qualquer outro país entender essa questão. E no que se refere ao treinamento nos Estados Unidos que vai funcionar mais do que um treinamento feito no Brasil, existe o fator de que o brasileiro se sente bem recebendo treinamento num país desenvolvido, de alta competência técnica. Então ele se sente depois de fazer o treinamento sente-se mais valorizado. Então tem um efeito muito além do efeito técnico do treinamento. Então é sempre bom e recomendaria para qualquer situação se puder fazer treinamento no exterior, fazer treinamento no exterior ao invés de fazer treinamento no Brasil.

When you do not know what something is about, when you are facing something and you do not know what is right yet, you need to include someone on the team who understands the subject. So if you are dealing with a project in Brazil, without a doubt you need to bring someone in who understands Brazil, one who is Brazilian. Brazilians best understand Brazilians just as Americans best understand Americans; just as the Japanese best understand the Japanese. So the business, the project will go more efficiently and will run better if you have someone local. So it is essential in creating a multifunctional team to have someone who understands each subject. And when dealing with Brazil, have a Brazilian on that team. Now, in reference to negative experiences from the past, Brazilians do feel kind of embarrassed about commenting on their previous failures. It is because Brazilians like to feel good. They like to look good. They like to come out looking good in the picture. So they do not like to have to comment about past failures. If there are failures, they try to hide them. In some ways this means that they do not reflect back on their mistakes, and they end up committing the same mistakes. But that is part of human nature, in the case of Brazilians. But also it is a question of discussing things openly and trying to help people understand and learn from their past negative experiences. I think it is important for Brazilians and for any other person from any other country to understand this problem. Referring to the training in the United States and how it works better than training in Brazil, there is another factor in that Brazilians feel good about getting training in a developed country, one with a level of technical competency. After the training, the Brazilian will feel more valued. So it is an effect that is much stronger than just the technical side of the training. So it is always good, and I would recommend in every situation that if you can do the training abroad, do it abroad instead of doing the training in Brazil.

Fernando Sotelino

O que chama atenção nesse caso da World Auto Parts é o cuidado da empresa americana em primeiro lugar de conduzir um processo abrangente e bastante cuidadoso na busca de um parceiro brasileiro o que evidentemente deve ter permitido a identificação de complementaridades importantes. Em segundo, a visão de fazer com que a equipe de técnicos brasileiros viesse aos Estados Unidos, aprofundasse seu entendimento de processos, e que pudesse retornar ao Brasil com essa experiência para começar o processo produtivo. E depois o terceiro passo, a vinda dos profissionais americanos ao Brasil para validar o bom andamento já do processo produtivo. Claramente um belo exemplo de confiança mútua e de construção de um ciclo virtuoso de trabalho em equipe. O caso também coloca perguntas sobre oportunidades de investimento estrangeiro no Brasil e eu diria que é difícil imaginar uma indústria onde essa oportunidade não exista. Na verdade hoje se vive o momento em que China, India, Brasil se destacam com oportunidades de investimento, também Rússia. China evidentemente com o maior mercado potencial. Rússia com muita riqueza em petróleo mas ainda vivendo num ambiente de busca de institucionalização e de um *legal framework* e o Brasil talvez bem mais adiantado do que a Rússia do ponto de vista de institucionalização legal, com mercado potencial não tão grande como o chinês, mas com práticas de negócios culturais que facilitam a interação norte-sul como vem sendo demonstrado ao longo dos últimos anos.

What stands out in this case of World Auto Parts is the care taken by the American company in conducting an all-encompassing process and in conducting a very careful search for a Brazilian partner, all of which allowed them to identify important ways that they complemented one another. Second was their vision of creating a team of Brazilian technicians who went to the United States, who perfected their understanding of the process, and who could return to Brazil with this experience to be able to begin the production process. And later there was the third phase of the arrival of the American professionals in

Brazil to verify how well the production process was going. Clearly, this is a beautiful example of mutual trust and of the building of a high-quality pattern of working as a team. The case also presents questions about opportunities for foreign investment in Brazil, and I would say that it is difficult to imagine an industry where this opportunity does not exist. The truth is that we are living in a time when China, India, and Brazil stand out as investment opportunities; Russia, too. Clearly China has great market potential. Russia has its many petroleum riches, but it is still going through a stage of trying to find its institutional footing and its legal framework. Perhaps Brazil is well beyond Russia in terms of its legal institutions and its market potential, which is not as large as China's, but it does have cultural business practices that facilitate north-south interactions, as we have seen for the past few years.

Solange Srenzewsky

Comentando na World Auto Parts, eu acho que eles realmente foram muito inteligentes na pesquisa e tiveram uma visão de ir para o Brasil e ver como os brasileiros pensavam. Antes de mais nada eles foram fazer uma pesquisa muito grande para ver quem eles usariam como parceiros, quais seriam as empresas que teriam as condições de produzir o que eles estavam buscando com o menor custo. Lógico que a intenção deles era diminuir custo tanto de transporte como de manufatura. E eles conseguiram achar o parceiro correto no Brasil. E mesmo porque eles acharam que eles conseguiriam inclusive treinar as pessoas ao nível de produto que eles gostariam de exportar, o que eles teriam que exportar. Então eles trouxeram esses técnicos aos Estados Unidos para aprenderem, para serem treinados, e retornarem ao Brasil. Isso demonstrou uma confiança no seu parceiro brasileiro e na realidade, foi o que trouxe o sucesso da produção e do fornecimento do mercado latino-americano a um menor preço, e lucro para todas as partes. Então eu acho que eles foram muito inteligentes e as pessoas realmente deveriam, ou qualquer firma que se interesse em se adaptar ou entrar no mercado sul-americano ou em qualquer outro mercado que tenha uma visão diferente do seu, é fazer uma pesquisa. É fazer realmente um *business plan*. É colocar tudo na ponta do lápis. Mas, especialmente, eu acho que é como as pessoas interagem, como as pessoas são receptivas à idéia. E existe uma maneira de você confrontá-las ou de você cativá-las. E eu acho que foi realmente o que a World Auto Parts fez e é o sucesso que eles tiveram. Eu gostaria de também comentar que foi muito interessante porque o brasileiro se sente envergonhado de ter errado. E eu acho interessante porque os americanos acham no erro, uma possibilidade de você melhorar ou de você aprender com este erro. Então, essa comunicação é muito importante. Porque os brasileiros realmente se sentem envergonhados. E os americanos na atitude de trazer os técnicos brasileiros, os empregados, para aprenderem como fazer ou ensinados aqui, não chegaram com uma prepotência de que eles saberiam tudo, e estavam dizendo para eles: "é assim que tem que ser feito". Eles trouxeram os técnicos para aprenderem como era feito aqui, e poderem voltar e trabalhar com essas máquinas e com essa tecnologia. Isso foi realmente muito interessante e não mostrou uma superioridade tão grande sobre os brasileiros. É mais uma parceria. Isso foi o que realmente causou o sucesso dessa empresa no Brasil.

Commenting on World Auto Parts, I think they were really intelligent in their research. They had the vision of going to Brazil and seeing how the Brazilians thought. They actually went there to do extensive research to see whom they would choose as partners. They went there to see which companies could produce what they were looking for at the lowest cost. Obviously their intentions were to decrease the transportation and manufacturing costs. And they were able to find the right partner in Brazil. And also they found they would be able to train people to produce the quality of product they wanted or needed to export. So they brought these technicians to the United States to learn, to be trained, and then to return to Brazil. This showed confidence in their Brazilian partner, and actually this is what has created Latin America's success in production and distribution at a lower cost, and profit for all parties. So I think they were very intelligent, and any firm that is interested in investing in the South American market should research, make a business plan, and analyze everything. In particular, I think that success depends on how people interact and on how they react to ideas. You can be confrontational, or you can take things in. I think that World Auto Parts did the latter, and they were successful. I would also like to say that it is interesting that Brazilians feel embarrassed when they make mistakes. I find it interesting because Americans see the error as an opportunity to improve themselves or as an opportunity to learn. Therefore, communication about this is very important because Brazilians really feel embarrassed. When the Americans brought the Brazilian technicians and employees to be trained in the United States, they did not act as if the Brazilians should have already known everything, and they did not tell them, "This is how it must be done." They brought the technicians here to learn how things were done here, so the technicians could go back home and work with these machines and with this technology. This was very interesting, and it did not show any great American superiority over the Brazilians. This is more of a partnership. This is what really enhanced the success of this company in Brazil.

Discussion Topics and Questions

1. Brazilians Solange Srenzewsky and Fernando Sotelino both comment on the importance of the confidence that the American firm shows in its selected Brazilian partner. Why is this such a significant topic in achieving success when negotiating with a Brazilian firm?

2. Discuss the key skills that each member of the original team utilized in their search to find the right Brazilian partner. Why is it so important to have a multifunctional team such as this? Is it worth the cost for such a small company to pay this group of individuals and take the time to set up a business plan?

3. Do you agree with the choice that World Auto Parts made in terms of manufacturing the parts in Brazil with a partner instead of outsourcing or producing the parts in the United States and exporting them? Discuss the advantages and disadvantages of each option.

4. The Brazilian and Latin American markets in general tend to be known for their political instability and economic volatility; thus many firms shy away from investing there. Yet Fernando Sotelino points out the other side of the coin: that Brazil is a huge market opportunity for many industries. How would you suggest that a firm prepare itself to take advantage of Brazil's potential while keeping its risks to a minimum?

5. This case points out the differences between Brazilians and Americans in the perception of failure. How would you deal with this issue in such a way that would save face for the Brazilians, yet gain the advantages of the American way of seeing failures as valid learning experiences to improve production and profits?

6. What would you imagine are some benefits of training Brazilians at the US plant instead of taking Americans to Brazil to conduct training? Discuss some of the technical, motivational, and cultural benefits. Senichiro Koshio feels that it is a definite advantage to train Brazilians abroad. Do you agree with his reasons?

7. Wendy Anderson mentions the large workforce looking for employment in Brazil. Considering the success of World Auto Parts in working with a small Brazilian firm, what other types of industries could follow this model and

manufacture products in Brazil? Do you agree with Wendy's suggestion of the viability of producing security-related items?

8. This case and many of the others all stress the importance of finding a local partner when doing business with Brazil. Would you say that the need is the same for finding a partner in the United States when foreign firms invest there?

Tópicos e Perguntas para Discutir

1. Ambos os brasileiros Solange Srenzewsky e Fernando Sotelino comentam sobre a importância da confiança que a firma americana demonstra ter sobre a sua escolhida sócia brasileira. Porque esse é um tópico significativo para atingir o sucesso ao fazer negócios com uma firma brasileira?

2. Comente sobre as habilidades chaves necessárias a cada membro da equipe original nas suas buscas pelo "sócio ideal". Porquê é tão importante ter uma equipe multifuncional como essa? Os custos valem a pena para uma empresa tão pequena pagar esse grupo de indivíduos e gastar tempo preparando um plano de negócios?

3. Você concorda com a escolha da World Auto Parts em termos de produzir as peças no Brasil com um parceiro ao invés de terceirizar ou produzir as peças nos Estados Unidos e exportá-las? Discuta as vantagens e desvantagens de cada opção.

4. Os mercados brasileiro e latino-americano em geral tendem a ser conhecidos pela sua instabilidade política e volatilidade econômica, e portanto muitas empresas se intimidam a investir neles. Por outro lado, Fernando Sotelino aponta o Brasil como uma oportunidade de mercado enorme para muitas indústrias. Como você sugere que uma firma se prepare para aproveitar as vantagens do potencial do Brasil e minimizar os riscos?

5. Esse caso aponta as diferenças entre as percepções brasileiras e americanas sobre "falhas". Como você iria lidar com essa questão de forma a manter as aparências dos brasileiros e ainda aproveitar as vantagens da visão americana de que as "falhas" são experiências que nos ensinam a melhorar a produção e lucros?

6. Quais você imaginaria que seriam os benefícios de treinar brasileiros na fábrica dos Estados Unidos ao invés de levar americanos para o Brasil?

Mencione aspectos técnicos, motivacionais e culturais. Senichiro Koshio definitivamente acha que é vantagem treinar brasileiros no exterior. Você concorda com as suas razões?

7. Wendy Anderson menciona a grande mão-de-obra que procura emprego no Brasil. Considerando o sucesso da World Auto Parts em trabalhar com uma pequena firma brasileira, quais outros tipos de indústria poderiam seguir esse modelo e produzir produtos no Brasil? Você concorda com a sugestão de Wendy sobre a viabilidade de produzir itens relacionados à segurança?

8. Esse caso e muitos outros enfatizam a importância de se encontrar um parceiro local ao fazer negócios com o Brasil. Você diria que a mesma necessidade está presente ao encontrar um parceiro nos Estados Unidos quando empresas estrangeiras investem lá?

Company:	**ECO-AMUSEMENT WORLD**
Focus:	Creation of ecological theme parks
Case Objective:	Creating and following a successful business plan, preparing for project challenges
Cultural Conflict:	Issues of development in a third world nation, environmental concerns, local tendencies

Empresa:	**ECO-AMUSEMENT WORLD**
Ênfase:	Criação de um parque ecológico
Objetivo do Caso:	Criar e acompanhar um plano de negócios bem sucedido, preparar-se para desafios em relação a projetos
Conflito Cultural:	Questões de desenvolvimento em uma nação de terceiro mundo, preocupações com o meio ambiente, tendências locais

Introduction and Synopsis

This case addresses the complicated issue of achieving sustainable development as Eco-Amusement World attempts to build an ecological theme park in the Amazon. It also tackles the issue of how to improve a local economy while at the same time attempting to preserve the environment. Some of the executive comments cast strong doubt on the wisdom and viability of such an ecological theme park. Some have doubts for business reasons whereas others have doubts about possible environmental damage or about the political ramifications. What is clear is that Brazilians identify with the Amazon. It is something very Brazilian, and not something that can be looked at as just land to be exploited for the financial gain. Culturally, the case also illustrates Brazilian and American tendencies regarding long-term versus short-term perspectives and different approaches to the question of infrastructure. Finally, most of the executives also noted that, since the theme park had an ecological focus, it would strengthen the project to partner with nongovernmental organizations (NGOs), research institutions, and the local government.

Introdução e Sinopse

O caso trata do difícil problema de alcançar um desenvolvimento sustentável enquanto a Eco-Amusement World construia um parque ecológico na Amazônia. Também trata do problema de como melhorar a economia local e ao mesmo tempo fazer um esforço de preservar o meio ambiente. Alguns comentários dos executivos mostram claramente que eles duvidavam da sabedoria e da viabilidade de um parque ecológico. Alguns duvidavam por motivos profissionais e outros duvidavam pelo possível dano que causaria ao meio ambiente ou por motivos políticos. O que é bem evidente é que os brasileiros se identificam com a Amazônia. É uma coisa bem brasileira e não é simplesmente uma terra que pode ser explorada para os lucros financeiros. Culturalmente este caso mostra algumas das tendências brasileiras e norte-americanas relacionadas às perspectivas de longo e curto prazo e também relacionadas às questões de infra-estrutura. Finalmente, também é interessante notar como quase todos os executivos enfatizaram que já que o parque temático tinha uma ênfase na área ecológica, seria melhor trabalhar diretamente com ONGs, institutos de pesquisa, e o governo local.

Case: Eco-Amusement World

The Amazon region in the north of Brazil has always been a mysterious and mythical place in the world due to its rainforest, with its diverse flora and fauna, as well as its variety of indigenous inhabitants. It is a unique and interesting area that offers much from which the world can learn and benefit. Unfortunately, most publicity about the area tends to be negative. In recent years the spotlight on the region has been on the deteriorating condition of the tropical rainforests and concerns for preservation. The region's extreme poverty and poor infrastructure hinder sustainable growth and development of the local economy. The need to preserve the rainforest creates further challenges for development. Balancing development and conservation is a delicate task.

In an effort to improve the economy, the government of the Amazon region is working toward building an ecotourism industry that will generate revenues and educate the public on the region while at the same time promoting and preserving the natural beauty of the area. The largest and most innovative eco-project presently under development in the Amazon state is Eco-Amusement World. The idea was born after several visits to the Amazon area by a prestigious group of American architects from Entertainment Design, Inc. The firm has vast experience in creating major theme parks around the world, as well as the business skills to manage colossal projects and to attract the requisite financial investment.

The original plan for considering investment in a major project in Brazil came from Entertainment Design's international development consultant, José Andrade. José, a Brazilian, has lived and worked in Florida, where he has gained ample experience from his endeavors in tourism and real estate. For this project, José is the perfect facilitator. His business and political contacts and knowledge of the Brazilian market complement the know-how acquired during his work on amusement projects in Florida. For several years the project has been under discussion, laying out the basic business plan and phases of development. Throughout this detailed planning, Brazilians from the public and private sector have been working with Americans from Entertainment Design.

José's knowledge of both regions and cultures has made the negotiations and planning proceed smoothly—but not without occasional incidents and misunderstandings between parties. Each time the American team comes to Brazil, they bring their corporate attorney. The Brazilian team feels a bit intimidated by this and gets the impression that the Americans do not trust them. From the American point of view, the presence of the corporate attorney simply assures that all details and developments are properly documented for reports and future contract negotiations.

In addition to the bothersome need to have a huge, formal contract, the Americans also seem obsessed with the liability and safety issues concerning the design of park installations, as well as complying with building codes to allow accessibility for the disabled. It all seems like an exaggeration and extra expense to the Brazilians.

In spite of these cultural issues, Andrade and Entertainment Design are confident that Eco-Amusement World will be successful. Due to the Brazilians' love of theme parks and desire to travel to unique destinations, foreigners' fascination with the Amazon, and the international trend toward nature tourism, the park promises to be profitable. Entertainment Design executives believe it is just a matter of being patient because such an undertaking takes time and requires highly detailed planning at every stage. To the project's credit, Entertainment Design has been awarded a well-known architectural award by a prominent association for the eco-project concept. Full support and collaboration from the government of the Amazon state also guarantees the positive outcome of the project, as the state will encourage investors to participate in the development of the park.

The eco-park will be located in an area of rainforest near Manaus on eight thousand hectares of property once used for a rubber plantation. A wide variety of lodging facilities, from luxury hotels to simple bungalows, will be developed on former pasture area. The rainforest area will remain untouched and will serve as a site for tourist observation and scientific studies. The park will offer hot air balloon rides over the forest, photographic safaris, educational tours, and aquatic sports. The park facility will also house research centers established through partnerships with various institutes in and outside of Brazil.

Long-term development of the project will last through the year 2027 and will be divided into several phases. The first phase should begin within the next five years. About $225 million dollars will be used to build lodging, attractions, and other installations, and another $200 million will be applied to developing the infrastructure of the region to prepare it for the reception of the large number of tourists who will visit the region when the park project is complete. All funds for the project will come from the private sector. The Amazon government is assisting in the recruitment of interested investors. The project will contribute greatly to the state's current plan of improving the local economy through ecotourism and sustainable development.

Caso: Eco-Amusement World

A região amazônica no norte do Brasil sempre foi um lugar misterioso e mítico para o resto do mundo devido à floresta amazônica, com uma fauna e flora diversificada, e uma variedade de habitantes indígenas. É uma área muito especial e interessante, através da qual o mundo inteiro pode aprender e se beneficiar muito. Infelizmente, a maior parte da publicidade sobre a área tende a ser negativa. Nos últimos anos, a atenção na região está voltada para a condição deteriorada da floresta amazônica e preocupações com a sua preservação. A extrema pobreza da região e infraestrutura precária escondem o crescimento sustentável e desenvolvimento da economia local. A necessidade, muito bem fundamentada, de preservação da floresta amazônica, gera grandes desafios para o desenvolvimento da região. Balancear desenvolvimento e conservação é uma tarefa delicada.

Em um esforço para melhoria da economia local, o governo da região amazônica está trabalhando para construir uma indústria de eco-turismo que gere faturamento, eduque o público da região, e, ao mesmo tempo, promova e preserve a beleza natural da área. O maior e mais inovador projeto de eco-turismo atualmente em desenvolvimento no Estado da Amazônia é o Eco-Amusement World. A idéia nasceu depois de várias visitas à região amazônica que um grupo de arquitetos americanos (Entertainment Design, Inc.) fez. A firma tem uma vasta experiência em criar parques temáticos no mundo inteiro, e também tem as habilidades empresariais necessárias para gerenciar projetos colossais e atrair o investimento financeiro necessário.

O plano original de considerar o investimento em um grande projeto no Brasil, veio de um consultor de desenvolvimento internacional da Entertainment Design, José Andrade. José, um brasileiro, morou e trabalhou na Flórida onde ganhou ampla experiência em seus esforços com turismo e imóveis. Para esse projeto, José é o perfeito facilitador. Seus negócios, contatos políticos e conhecimento do mercado brasileiro complementam seu know-how adquirido ao longo de seus trabalhos com parques de diversão na Flórida. O projeto já está em discussão há muitos anos, desenvolvendo o plano de negócios básico e as fases que serão envolvidas. Através desse planejamento detalhado, brasileiros do setor público e privado têm trabalhado com os americanos da Entertainment Design.

O conhecimento de José das duas regiões e culturas fez com que as negociações e processo de planejamento ocorressem de forma suave. Porém, nem tudo aconteceu sem incidentes e desentendimentos ocasionais entre as partes. Cada vez que a equipe americana vem ao Brasil, eles trazem seu advogado corporativo. A equipe brasileira se sente um pouco intimidada com isso e tem a impressão de que os americanos não confiam neles. Do ponto de vista dos americanos, a presença de um advogado somente garante que todos os detalhes e andamentos do projeto estejam apropriadamente documentadas para relatórios e futuras negociações de contratos.

Além do incômodo da necessidade de ter um enorme contrato formal, os americanos parecem obcecados com as questões de credibilidade e segurança a respeito do desenho das instalações do parque assim como garantir que o acesso para deficientes sejam construídos em todos os prédios. Tudo isso parece um exagero e despesas extras para os brasileiros.

Apesar de algumas dessas questões culturais, Andrade e a Entertainment Design estão seguros de que a Eco-Amusement World terá muito sucesso. Eles acreditam nisso devido à paixão dos brasileiros por parques temáticos e desejo de viagens a destinos especiais. Também devido ao quão intrigante a Amazônia é para estrangeiros, e à moda que se tornou o eco-turismo, é só uma questão de ter paciência. Tal empreendimento leva tempo e requer um planejamento altamente detalhado em todos os estágios. A Entertainment Design ganhou um prêmio de arquitetura pelo "conceito do projeto" de uma notável associação norte-americana. O apoio total e a colaboração do governo da Amazônia também garantem o sucesso do projeto, já que o Estado vai encorajar investidores a participar do desenvolvimento do parque.

O parque ecológico estará localizado na área da floresta amazônica perto de Manaus, em uma propriedade de oito mil hectares, que era antes uma plantação de seringueiras. Uma grande variedade de opções para alojamento serão construídas, desde hotéis luxuosos até simples bungalôs, aonde antes era uma área de pastagem. A floresta amazônica vai permanecer intocada e servirá de paisagem para observação de turistas e estudos científicos. O parque irá oferecer passeios de balão pela floresta, safaris para os turistas tirarem fotos, passeios educacionais e esportes aquáticos. A estrutura do parque incluirá também centros de pesquisa estabelecidos através de parcerias com vários institutos dentro e fora do Brasil.

O desenvolvimento a longo prazo do projeto vai durar até o ano 2027 e será dividido em diversas fases. A primeira fase deve começar nos próximos cinco anos. Serão usados 225 milhões de dólares para construir a área de alojamento, atrações e outras instalações, enquanto outros 200 milhões serão aplicados no desenvolvimento da infra-estrutura da região, preparando-a para receber um grande número de turistas que virão quando o parque for aberto. Todo o capital para o projeto virá do setor privado. O governo da Amazônia está ajudando com o recrutamento de investidores interessados. O projeto irá contribuir muito com o atual plano do governo de melhorar a economia local através do eco-turismo e desenvolvimento sustentável.

Comments from North American Executives
James Riordan

Eco-Amusement was one of the most fascinating case studies that I read because it is such a challenging subject. The concept of creating a theme park in a tropical rain forest is fascinating. It reminds me a little bit of Mr. Ford establishing a rubber plantation to return to the tropical rain forest. In that case, it did not go exceptionally well; I will not go in to it. In this case we are talking about an enormous number of elusive factors. One, the name *Amazon* immediately brings up passion for Brazilians and a nationalism. If there is no fear of colonialism and imperialism coming through music and culture, there is a tremendous fear of colonialism coming through loss to foreign forces. Many Brazilians comment on the fact that they have seen maps where the Amazon is now a neutral United Nations territory and has been taken out of the hands of Brazilians. So pervading any type of discussion is this fountain of insecurity related to the Amazon. On top of that, we have a number of cases where, in a positive aspect, we have a Brazilian consultant who knows a lot about parks who has been brought in, which is a major, major positive point to make sure that the project reflects both Brazilian and North American concepts. The idea that Brazilians go to theme parks is true in that they go to Disney World and other parks outside of Brazil. There is not a major mass movement of Brazilians going to theme parks, however, first of all because there is limited income in all of Brazil to spend on that, and Brazilians to a certain extent would tend to go to a high-tech, first-world theme park rather than dedicate the resources to a Brazilian park of this nature. Another element related to this was a certain lack of trustworthiness that the Brazilians perceived on the part of North Americans because the North Americans brought in frontally their attorneys and lawyers to discuss things from day one. In Brazil the law is seen as a weapon to be used against your enemies. Friends are important. Friendship is critical to business development. Lawyers and legal action are for when you dislike someone. So by putting their attorneys up front, immediately there was a sense of lack of confidence on the Brazilian part, which could seriously hinder the development of trust. Once again I think that Brazil has an enormous amount of potentiality in many areas, particularly in the Amazon, and in pharmaceutical development and herbs and possible cures for many diseases. Setting up a research institute, which appeared to be a very good idea, could flip-flop in the sense that it could be perceived as Americans coming down to steal even more secrets from Brazil. One of the solutions might be to identify and work directly with a Brazilian NGO. This NGO could help to eliminate some of the distrust on the part of the Brazilians. So it might be an interesting solution to this case study.

A Eco-Amusement foi um dos casos mais fascinantes que li porque ele apresenta os maiores desafios. A idéia de criar um parque dentro de uma selva tropical é fascinante. Me fez lembrar um pouco de quando Ford estabelecu as fábricas de borracha no mato tropical. Naquela ocasião não deu muito certo. Mas eu não vou entrar em detalhes disso. Nesse caso nós estamos falando de um grande número de fatores elusivos. Um deles é o nome "amazonas" que para o brasileiro automaticamente cria uma emoção de paixão e de nacionalismo. Ainda que não exista um medo de colonialismo nem de imperialismo que entra através da música e da cultura, existe um medo muito grande da perda que poderia sofrer através de forças internacionais. Muitos brasileiros já comentaram sobre o fato que viram mapas em que a Amazônia faz parte de um território neutro das Nações Unidas, sendo tirada das mãos dos brasileiros. Então junto com esse tipo de debate se encontrará essa preocupação sobre a Amazônia. Além disso, e do lado positivo, nesse caso eles trouxeram um assessor brasileiro que sabe muito sobre os parques e isso é realmente um ponto positivo no sentido que assim se pode certificar que o projecto reflete tanto as idéias brasileiras como as americanas. A idéia que os brasileiros vão aos parques de diversão é verdade no sentido que eles vão para Disney World e para outros parques fora do Brasil. Não existe um grande movimento de brasileiros que vão aos parques temáticos, primeiro porque existe um rendimento limitado em todo o Brasil do quanto poderiam gastar nessas coisas e acho que os brasileiros teriam a tendência de ir para os parques de alta tecnologia num parque de diversão do primeiro mundo em vez de gastar esse dinheiro num parque desse estilo no Brasil. Outro elemento relacionado a isso é a falta de confiança que os brasileiros têm dos norte-americanos quando eles levaram os advogados para as reuniões já no primeiro dia. No Brasil se vê a lei como uma arma que se utiliza contra os inimigos. Amigos são importantes. A amizade é essencial para o desenvolvimento dos negócios. Os advogados e o processo jurídico é usado quando você não gosta de alguém. Então, ao trazer os advogados para a reunião já no início, isso já indica uma falta de confiança nos brasileiros e isso poderia prejudicar muito o desenvolvimento do projeto. Outra vez, acho que o Brasil tem um potencial enorme em muitas áreas, especialmente no amazonas, por exemplo no desenvolvimento farmacêutico, em ervas, e nas possíveis curas de muitas doenças. O estabelecimento de um instituto de pesquisa, que incialmente parece ser uma boa idéia, poderia mudar se fosse percebido como os americanos que entram para roubar mais segredos do Brasil. Uma possível solução talvez seria identificar e trabalhar diretamente com uma ONG brasileira. Essa ONG poderia servir para eliminar a falta de confiança que existe por parte dos brasileiros. Então, acho que essa seria uma boa solução para esse estudo de caso.

Elizabeth Lowe

These are my comments on Eco-Amusement World, and I feel a little more competent to comment on this particular case study because I have had some direct experience with partnering theme park entrepreneurs in Florida with theme park entrepreneurs in Brazil. I am certainly aware that this is a promising new area of economic development for Brazil—and for Florida as well, because if Floridians can sell their theme park businesses in Brazil, that would be very beneficial to both sides. This particular case does raise a couple of red flags for me, however. First of all, the location of the park in the Amazon tends to confirm all the negative stereotypes that we as "Brazilianists" want to dispel about Brazil: that Brazil is the land of the Amazon jungle and the beaches, that it is not a serious country, and that really we are just "Disneyfying" Brazil. And I think that this would raise a lot of red flags with government agencies and NGOs in Brazil, politically speaking. There is no mention made in this case study of any governmental contacts whatsoever or any support or endorsement by either government or nongovernmental agencies. To me, this could be a political time bomb. And although there has been a lot of research on the location and on the infrastructure, I think that the bigger problem, rather than one of investment, is political. I could just see this becoming a major news item. I could see this becoming very sensitive with conservation groups, and with groups who wish to preserve the Brazilian national patrimony, as well as Brazilian dignity, because essentially this looks like an attempt to "Disneyfy" the Amazon jungle. I find it personally objectionable. So in the analysis it asks about key players who should be involved and who should not be involved. I notice a distinct absence of any government or nongovernmental presence here. The plans for the park seem to be well thought through, and for me the issue is not so much "Is this enterprise being carefully thought through and well done?" as whether it should be done at all.

Esses são os meus comentários sobre o Eco-Amusement World, e eu me sinto um pouco mais competente para comentar esse estudo de caso em particular, porque eu tive algumas experiências diretamente relacionadas a associar empreendedores de parques temáticos na Flórida com empreendedores de parques temáticos no Brasil. Eu tenho certeza de que essa é uma área muito promissora para o desenvolvimento econômico do Brasil, e da Flórida também, considerando que a Flórida poderia vender seus negócios em parques temáticos no Brasil, e isso seria vantajoso para ambas as partes. Porém, esse caso em específico, levanta algumas questões problemáticas para mim. Para começar, a localização do parque na Amazônia tende a confirmar todos os preconceitos que nós "brasilianistas" queremos eliminar sobre o Brasil, que o Brasil é a terra da Selva Amazônica, e das praias, e não é um país sério e que realmente, nós estamos simplesmente "disneyficando" o Brasil. E eu acho que isso iria deixar muitas agências governamentais e ONGs no Brasil em alerta, do ponto de vista político. Não há nenhuma menção nesse caso sobre qualquer contato com o governo ou algum apoio vindo de agências governamentais ou não-governamentais. Para mim, isso poderia ser uma bomba política. E mesmo com tanta pesquisa nessa região, sobre a infra-estrutura, eu acho que o maior problema, maior que o do investimento, é político. Eu posso até ver isso se tornar uma grande manchete de jornal. Eu posso ver isso se tornando uma questão delicada com grupos de conservação, e com grupos que pretendem preservar o patrimônio nacional do Brasil assim como a dignidade brasileira, porque na essência, isso parece como uma tentativa de "disneyalizar" a Selva Amazônica. Eu, pessoalmente, acho isso questionável. Então, nessa análise, pergunta-se sobre pessoas-chave que deveriam ser envolvidas, quem não deveria ser envolvido. Eu percebo claramente a ausência de uma presença governamental ou não-governamental. Os planos para o parque parecem ser bem pensados e para mim a questão não é tanto se o empreendimento está sendo bem pensado e feito com cuidado, mas sim se ele deve ser levado adiante acima de tudo!

Wendy Anderson

Eco-Amusement World—to me there is already a conflict in the name. I am very curious to know whether any market studies have been done and what experts were consulted, even in the tourism industry, about the viability of a Disney World in the Amazon. I would be very leery about investing or advising a client to invest in this venture. I would need to see a lot more information to change my mind. My initial reaction is, this is a grandiose plan. The plans may look great on paper, but I think it is going to be very difficult to translate this into an amusement park that is going to be friendly to the environment. I think that is a contradiction in terms, in and of itself. I question the location. How are people going to get there? How long is it going to take? Are there any roads? Are they all going to have to fly in there? Are there airports? There is a lot of infrastructure, I think, that is going to have to be built that is going to be very, very expensive. Is the government going to pay for that? I do not think the government had that in mind when it dealt with these people and the incentives they may have given to build this in the first place. Are the local people going to be employed? Are they capable? Are they going to be trained? There are a myriad of issues here that I do not see addressed in the limited information that I have. I think the climate is going to be an issue, the rain. I mean, this is the rainforest. I do not see a theme park in the middle of the rainforest. I mean, for a limited time maybe one could stay in the Rainforest Café, but when the rain is twenty-four hours a day, seven days a week, how are tourists going to respond to that? I think there are a lot of issues here that need to be fleshed out. I do not know if other locations were looked at, and I do not know if they have consulted with the Disney Worlds of the world, but I certainly would. Look at what happened to Disney in Paris with Euro Disney. How long did it take them to even get that in the black? And that was a huge investment, and that was Paris, where it does not rain six months out of the year. And it is a major tourist/business destination with infrastructure in place. So I think there are a lot of issues here that would have to be looked at very carefully and fleshed out before I would advise anybody to write a check to invest in this.

A Eco-Amusement World, para mim já existe um conflito com o nome. Eu tenho muita curiosidade em saber se qualquer estudo de mercado foi feito e quais especialistas foram consultados, mesmo na área de turismo, sobre a viabilidade de uma Disney World na Amazônia. Eu teria muito cuidado ao investir ou aconselhar um cliente a investir nesse empreendimento. Eu teria que ver muito mais informações para mudar de opinião. A minha reação inicial é, esses são planos grandiosos. O plano pode parecer ótimo no papel, mas eu acho que será muito difícil traduzir isso num parque de diversões que seja amigável com o meio-ambiente. Eu acho que isso é uma contradição. Eu questiono a localização. Como as pessoas chegarão até lá? Quanto tempo levará? Existem estradas? Elas terão que chegar de avião? Existem aero-portos? É muita infra-estrutura, eu acho, que terá que ser construída, o que será muito, muito caro. O governo vai pagar por tudo isso? Eu não acho que o governo planejava isso quando negociou com essas pessoas e talvez con-cedeu incentivos para essa construção. A população local será empregada? Ela é capacitada? Ela será treinada? Existe uma quantidade de questões que não me parecem terem sido olhadas com atenção. Eu acho que o clima será um problema, a chuva, estamos falando da Floresta Amazônica! Eu não vejo um parque temático no meio da Floresta Amazônica. Quero dizer, por tempo limitado talvez no Rainforest Café, mas quando for vinte e quatro horas por dia, como os turistas vão responder a isso? Eu acho que existem muitas questões aqui que devem ser resolvidas. Eu não sei se outras regiões foram consideradas. E eu não sei se eles consultaram aos outros parques como Disney World a nível mundial, mas eu certamente consultaria. Veja o que aconteceu com a Disney em Paris, com a Euro Disney. Quanto tempo eles levaram para sair do vermelho? E teve um investimento imenso, e era Paris, onde não chove metade do ano. E é um dos mais importantes destinos turísticos, já com bastante infra-estrutura. Então, eu acho que existem mui-tos pontos a serem observados com muita atenção e resolvidos antes de eu aconselhar qualquer um a fazer um investimento nisso.

Comments from Brazilian Executives
João Worcman

Esse projeto é definitivamente muito interessante. É de uma magnitude, enfim, é um projeto muito grande e que por isso eu acho que também pela região onde ele está querendo ser implementado é um projeto que traz muitos desafios, tanto para o setor privado, internacional e nacional quanto para o setor público no Brasil. Eu acho que tem várias coisas que tem que ser tratados nesse projeto. Por exemplo, no Brasil os parques temáticos que têm sucesso, que tiveram sucesso até hoje são em São Paulo e um no Rio Grande do Sul que é o Beto Carreiro World. E que são parques que geralmente atraem pessoas mais da região onde eles estão colocadas. Não atraem pessoas do Brasil todo, até porque grande parte da população brasileira hoje em dia não tem renda suficiente para fazer uma viagem dessas e ir ao parque, enfim pagar o preço que uma atração dessas pode vir a custar. Então eu acho que o Eco-Amusement World seria muito dependente de turismo externo, o que no Brasil é uma coisa que ainda está se desenvolvendo. Apesar do fato de ser um grande destino turístico, falta ainda muita coisa para trazer realmente o turista internacional que tem capacidade de, que tem poder aquisitivo para estar comprando esse tipo de serviço, esse tipo de atração. Então, realmente eu acho que esse é um dos grandes desafios. Uma outra coisa também é o fato de ter que fazer essa integração entre o setor privado e setor público, investidores. Acho que isso tudo é uma coisa muito nova nessa área de entretenimento no Brasil, principalmente numa região como a Amazônia que é um estado no Brasil que não é tão desenvolvido em termos de negócios como os estados mais da região sul.

This project is definitely interesting. It is of such a size that, well, it is a very big project. And I also think that, because of the region where they want to implement it, it is a project that includes many challenges, both for the private, international, and national sectors as well as for the public sector in Brazil. I believe that there are a lot of things that need to be dealt with in this project. For example, in Brazil the theme parks that are successful—those that have had success to date—are in São Paulo, and there is another one in Rio Grande do Sul called Beto Carreiro World. And these are parks that generally attract people from beyond the region where they are located. They do not attract people from all over Brazil, partially because a large part of Brazil's population nowadays does not earn enough to go on trips like this, and to go to parks and pay the prices that parks like this can end up costing. So I think that Eco-Amusement World would be dependent on external tourism, which in Brazil is something that is still under development. Even though it is a large tourist destination, it still lacks a lot of things to really attract international tourists, who are able to or have the buying power to buy this type of service, this type of attraction. So I really think that this is one of its greatest challenges. Another thing is the fact that you have to integrate the public sector and the private sector, the investors. I think that all of this in the area of entertainment is new in Brazil, especially in a region like the Amazon, which is a state in Brazil that is not as developed in terms of business as other regions that are more in the South.

Maida Manes

Para mim um ponto principal quando você começa qualquer coisa num país onde você não domina a cultura, a língua é você achar os pontos-chaves naquele país que você está indo. Não importa se é Brasil-Estados Unidos, Estados Unidos-Brasil. Então, aqui eles já fizeram o ponto número um. Encontraram uma pessoa que faz a ligação, que é brasileiro e tem conhecimento dos Estados Unidos. O fato de ser a floresta amazônica é um ponto super forte do Brasil, porque eu diria que é um marco do Brasil. Ele só está comparado com o Cristo Redentor que todo mundo quando fala em Brasil, lembra do Cristo Redentor. Mas a floresta Amazônica é realmente acho que um marco do Brasil. Quando se fala em Brasil se pensa numa grande área verde que é a floresta Amazônica. Para poder fazer de uma floresta Amazônica algo que fosse produtivo, que pudesse fazer com que fosse rentável para o local sem prejuízo de, como que eu vou te dizer, sem prejuízo para o povo para desenvolvimentos, você precisa ter um plano de marketing muito bem feito. E para poder ser feito como eu vi aqui, um plano de marketing onde seja a longo prazo, eu acho que só dá para ser de um investimento fora do Brasil, porque na minha opinião, o brasileiro não tem a cultura de fazer planos a longo prazo. Ele quer fazer logo, resolver o problema logo. E eu acho que como eu li aqui no *case,* os pontos básicos para mim são fundamentais, que é: eles querem construir algo que dê lucratividade sem dar prejuízo do bem estar do povo que está lá na parte de ecologia. Então eles estão conseguindo fazer com que o americano faça um projeto visando lucratividade, que é o ponto número um do americano, o americano ele quer lucro e o brasileiro ele quer ter o lucro sem ter o prejuízo da floresta Amazônica. Então eu acho que isso eles estão conseguindo. Se vai dar certo a gente nunca sabe, né? Porque todo projeto no papel é um pouco diferente da execução.

To me, the first point, when you open a business or anything in a country where you are not proficient in the country's culture and language, is to find out the key features of the country where you are going. It does not matter if it is Brazil–United States or United States–Brazil. So these people have already worked on point number one. They found a person who will serve as liaison. This person is Brazilian and has knowledge of the United States. In fact, the Amazon Forest is a very strong feature of Brazil; I would call it a Brazilian landmark. It can be compared to another Brazilian landmark, the statue of Christ the Redeemer that everybody associates with Brazil. The Amazon Forest is really a Brazilian landmark, I believe. When you talk about Brazil, you think about a huge green area that is the Amazon Forest. To develop something from the Amazon Forest that is productive and profitable but where the development is harmless to the local people, you need a very well-prepared marketing plan. I believe that such a good, long-term marketing plan could only be prepared by foreign investors, because, in my opinion, making long-term plans is not part of the Brazilian culture. The Brazilian likes to do everything right away and solve the problem right away. And from what I have read in this case, the key points are fundamental: they want to build something profitable without hindering the well-being of the local people or of the environment. So they are managing to make the Americans create a profit-oriented project—which is the Americans' main objective, whereas Brazilians want profit without hurting the Amazon Forest—and I think they are managing to do that. Will it work? No one knows because every project on paper is a little different from its execution.

Solange Srenzewsky

Eu gostaria de comentar sobre o projeto ecológico na Amazônia, é um parque de diversões na Amazônia. Eu tenho algumas dúvidas sobre esse projeto. Eu acho que um parque de diversões, na realidade, o *focus* é o turismo e não a ecologia. Agora como você vai colocar milhões de pessoas ou milhares de pessoas anualmente num lugar que é ecologicamente preservado, eu não acredito muito na idéia. Eu acho que alguém tem que me provar alguma coisa diferente. Porque, o concreto que vai ser usado ali, já é uma destruição da ecologia. Agora, seria muito bom por outro lado pela região, é uma região pobre do Brasil que realmente precisa de incentivos e de mais turismo. Mas eu acho que um parque de diversões não é a coisa para ser levada para a Amazônia. Uma outra forma talvez, mas um parque de diversões não. O que eu gostaria de dizer também é que além da infra-estrutura que tem que ser montada, os aeroportos, eu não sei como as pessoas vão chegar lá. O problema da Amazônia e da relação das chuvas, porque realmente chove seis meses por ano, são as vacinas que você tem que tomar para chegar lá. *Yellow fever* ou a febre amarela é uma delas. Agora, você vai vacinar a família inteira, é um vírus vivo que você tem que tomar para ir visitar a Amazônia. Eu acredito que se você tiver visando à natureza, à ecologia, os bichos você realmente vai ter que trabalhar muito junto com biólogos, ecologistas para preservar isso. Porque mesmo na construção, você vai afastar toda essa vida animal. Espero que não se destrua muito a flora, ou a fauna porque é uma plantação de seringueiras. Então talvez não tenha esse problema porque vai ser construída onde já estão plantadas as seringueiras. Mas, eu tenho minhas dúvidas.

I would like to comment on the ecological project in the Amazon, the amusement park in the Amazon. I have some doubts about this project. I think that in reality the focus of an amusement park is tourism, not ecology. You are going to send millions or thousands of people annually to a place, yet it will be ecologically preserved: I do not put much credit in this idea. I think that someone has to prove me otherwise because the cement that is going to be used there is already ecological destruction. On the other hand, it would be very good for the region, which is a poor region of Brazil that needs incentives and more tourism. However, I believe that an amusement park is not something that should be taken to the Amazon. Perhaps in some other form, but not an amusement park. I would also like to mention that, besides the infrastructure that has to be built, the airports, I do not know how people will get there. The problem of the Amazon is related to the rain, because it really rains hard six months out of the year, and there are the vaccinations you have to get before you go there. The Yellow Fever vaccine is one of them. You have to immunize your whole family, and it is a live virus that you have to receive, in order to visit the Amazon. I believe that if you are aiming to preserve nature, the ecology, the animals, you will have to work closely together with biologists and ecologists on preservation. Just the construction of the park, by itself, will drive away all the wildlife. I hope that neither the fauna nor the flora is extensively destroyed because it is a rubber plantation. Maybe this will not be an issue because the construction will take place where the rubber trees are already planted. However, I have my doubts.

Discussion Topics and Questions

1. Wendy Anderson mentions the issue of the lack of infrastructure in the Amazon area. How would you suggest the construction of roads, airports, and other support systems be funded? Will the local workforce be skilled enough to do these tasks, or will it be necessary to bring labor in? What kinds of problems would out-of-area laborers cause in the region?

2. Do you think that the requirement for immunizations to travel to the Amazon that Solange Srenzewsky mentions will be a deterrent for potential tourists to consider going to the park?

3. João Worcman points out the potential challenge of integrating public and private investment in Brazil. Is this challenge unique to the Brazilian business environment, or would the same be true in the United States?

4. Many of the comments about this case express concern for preserving the environment. What would be examples of safeguards that could be put in place to ensure that the local flora and fauna will be protected? How could these measures be enforced?

5. Wendy Anderson compares the Eco-Amusement project to Disney World in Paris and refers to the length of time it took to get the park into the black. Do you see a possible parallel in experiences? Would Brazilians reject the idea of an American-designed park in an area that Brazilians feel is a national patrimony that needs to be protected?

6. In your opinion, which NGOs or governmental agencies should be involved in the project in order to preserve regional and national interests?

7. Do you agree with Elizabeth Lowe that this project is reinforcing the stereotype of Brazil as a tropical jungle and of North Americans as "Disneyfying" the area? Should the project even be considered? Why or why not?

8. João Worcman notes that most Brazilians tend to visit parks and attractions within their own region due to lack of disposable income. If few Brazilian nationals would be able to visit the park, what are the chances that it could survive primarily on international tourism?

9. Many negative effects of the park project have been listed. What, if any, would be possible positive results of the implementation of the project in the area?

10. Americans are known for being overly cautious when it comes to liability issues, whereas in Brazil they are not as much of a concern. How would you convince the Brazilian partners in this project that the special facilities for people with disabilities are necessary expenses? How could you defend the expense of safety features on the attractions?

Tópicos e Perguntas para Discutir

1. Wendy Anderson menciona a questão da falta de infra-estrutura na região da Amazônia. Como você sugere que a construção de estradas, aeroportos e outros sistemas de suporte sejam financiados? A força de trabalho local

é qualificada o suficiente para essas tarefas, ou será necessário trazer mão-de-obra de fora? Que tipo de problemas trabalhadores de fora causariam na região?

2. Você acha que as exigências de vacinação para viajar para a Amazônia que Solange Srenzewsky menciona deteriam turistas em potencial de ir para o parque?

3. João Worcman aponta os prováveis desafios de interação com o público e investimento privado no Brasil. Esses são desafios exclusivos do ambiente de negócios brasileiros ou seriam os mesmos nos Estados Unidos?

4. Muitos dos comentários sobre esse caso expressam a preocupação com a preservação do meio ambiente. Quais seriam exemplos de medidas de segurança necessárias para garantir que a fauna e a flora local sejam prote-gidas? Como essas medidas poderiam ser aplicadas?

5. Wendy Anderson compara o projeto da Eco-Amusement World com a Disney World em Paris e menciona o longo tempo que levou para tirar esse parque do vermelho. Você acha possível fazer um paralelo entre as duas experiências? Você acha que brasileiros rejeitariam a idéia de um parque no estilo americano na área sobre a qual eles têm um sentimento de patrimônio nacional que deve ser preservado?

6. Na sua opinião, quais ongs ou agências do governo deveriam estar envolvidas no projeto para que interesses regionais e nacionais sejam preservados?

7. Você concorda com a opinião de Elizabeth Lowe de que esse pro-jeto reforça o pré-conceito de que o Brasil é uma selva tropical e que ele "disneyfica" a região? Até que ponto você acha que o projeto deveria ser considerado?

8. João Worcman aponta que muitos brasileiros tendem a visitar parques e atrações dentro da sua própria região devido à falta de "dinheiro sobrando" da maioria da população. Se poucos brasileiros poderiam visitar o parque, quais são as chances de que o parque possa sobreviver inicialmente so-mente com o turismo internacional?

9. Muitos efeitos negativos do projeto do parque foram listados. Quais, se possível, seriam resultados positivos da implementação do projeto nessa área?

10. Os americanos são conhecidos por serem exageradamente cuidadosos quando se trata de questões de responsabilidades, enquanto que no Brasil isso não é tão comum. Como você convenceria os sócios brasileiros desse projeto de que a necessidade de uma estrutura especial para portadores de deficiências é uma despesa necessária? Como você defenderia a despesa com dispositivos de segurança nas atrações?

Glossary

English-Portuguese

account receivable, *n.* Venda com termos de trinta dias
adamant, *adj.* Firme, inflexível
adverse, *adj.* Difícil
advice, *n.* Conselho
afford, *v.* Ter condições
amaze, *v.* Ficar impressionado
appliance, *n.* Eletrodoméstico
argue, *v.* Brigar
arise, *v.* Surgir
assess, *v.* Examinar
backlands, *n.* Interior
become (turn), *v.* Virar
beg to differ, *v.* Não concordar
begrudge, *v.* Culpar
besides, *adv.* Além
bet, *v.* Apostar
black, be in the, *v.* Sair do vermelho
booth, *n.* Barraca
bug out, *v.* Abandonar
buying power, *n.* Poder aquisitivo
cattle raising, *n.* Agropecuária
challenge, *n.* Desafio
clarify, *v.* Esclarecer
compromised, *adj.* Prejudicado
concern, *n.* Preocupação
consultant, *n.* Consultor
consulting, *n.* Assessoria

convey, *v.* Mandar
cost-benefit, *adj.* Custo-beneficio
counter, *n.* Balcão
counteroffer, *n.* Contrapartida
customer, *n.* Freguês
dangerous, *adj.* Perigoso
data, *n.* Dados
deadline, *n.* Período estipulado
delay, *n.* Demora
deliver, *v.* Entregar
develop, *v.* Desenvolver
devise, *v.* Criar
direct, *v.* Dirigir
disabled, *adj.* Deficiente
disposable income, *n.* Dinheiro sobrando
distribute, *v.* Espalhar
divulge, *v.* Divulgar
downside, *n.* Lado negativo
emphasize, *v.* Salientar
encompassing, *adj.* Abrangente
enforced, *adj.* Cumprido
engrained, *adj.* Enraizada
evaluate, *v.* Avaliar
even though, *conj.* Embora
face, *v.* Enfrentar
failure, *n.* Fracasso
fill out, *v.* Encher a tabela

fire, *v.* Despedir
fit, *v.* Encaixar
fit, have a, *v.* Ficar chateado
fix, *v.* Consertar
flesh out, *v.* Resolver
funny, *adj.* Engraçado
get around, *v.* Driblar
guidelines, *n.* Procedimentos
handle, *v.* Lidar
hinder, *v.* Prejudicar
hint, *n.* Dica
hire, *v.* Contratar
home office, *n.* Casa matriz
homey, *adj.* Caseira
imply, *v.* Quer dizer
import substitution, *n.* Substituição
    dos importados
in fact, *adv.* Aliás
indeed, *adv.* De verdade, realmente
integrated, *adj.* Incumbida
jeopardize, *v.* Prejudicar
jump out at, *v.* Vir a cabeça
land site, *n.* Terreno
laugh, *v.* Rir
leery, be, *v.* Ter cuidado
legal age, *n.* Idade certa
let go, *v.* Largar
level of management, *n.* Escalão da
    empresa
liability, *n.* Responsibilidade
long-term, *adj.* Longo prazo
loss, *n.* Perda, prejuízo
manage (deal with), *v.* Lidar
manager, *n.* Gerente
mandate, *v.* Requer
market share, *n.* Participação no
    mercado
measure, *n.* Medida

medium-size company, *n.* Empresa
    média
mention, *v.* Ressaltar
mess, *n.* Bagunça
middle ground, *n.* Meio termo
mindset, *n.* Atitude
mistake, *n.* Erro, falha
misunderstanding, *n.*
    Desentendimento
movers and shakers, *n.* Pessoas de
    influência
no avail, to, *n.* Sem sucesso, em vão
non–interest bearing account, *n.*
    Conta sem juros
notice, *v.* Deparar-se
nullify, *v.* Anular, invalidar
offset, *v.* Evitar
outsourcing, *n.* Terceirização
overcome, *v.* Sobrepujar
over-the-counter sales, *n.* Vendas de
    balcão
part, *n.* Peça
partner, *n.* Sócio, parceiro
partnership, *n.* Parceria
penalty, *n.* Penalidade
please, *v.* Agradar
pocket, *n.* Faixa
point-of-sale display, *n.* Gôndola em
    pontos de venda
policy, *n.* Procedimento
predict, *v.* Predizer
prevalent, *adj.* Comum, corrente
prize, *n.* Brinde
profit sharing, *n.* Partida,
    distribuição de lucros
profitable, *adj.* Rentável
recap, *n.* Resumo
reflect, *v.* Refletir

refuse, *v.* Recusar
report, *n.* Relatório
reticence, *n.* Receio
revenue, *n.* Lucro, renda, receita
right away, *prep.* De uma vez
run into, *v.* Bater em
safeguards, *n.* Medidas de segurança
safety measures, *n.* Dispositivos de
   segurança
share, *v.* Compartilhar
short-sighted, *adj.* Com vista
   miópica, imprevidente
short-term hedge, *n.* Contrato de
   salvaguarda
sign, *n.* Cartaz
skimpy dress, *n.* Roupa provocativa
spite of, in, *prep.* Apesar de
spreadsheet, *n.* Planilha

stand, *n.* Barraca
style, *n.* Jeito
supplier, *n.* Fornecedor
taken aback, *adj.* Chocado
target, *n.* Alvo
task, *n.* Tarefa
trade show, *n.* Feira de negócios
undergraduate, *n.* Aluno de
   graduação
underhanded, *adj.* Desonesto,
   esperto
undertaking, *n.* Empreendimento
upper management, *n.* Alto mando
upper class, *n.* Classe alta
wade through, *v.* Lidar
weird, *adj.* Esquisito
while, *conj.* Enquanto
workshop, *n.* Conferência

Glossário
Português-Inglês

acolhedor, *adj.* Welcoming
afastada, *adj.* At a distance
agradar, *v.* To please
agropecuária, *n.f.* Cattle raising
agüentar, *v.* To tolerate
além, *adv.* Besides
aliás, *adv.* In fact
alto escalão, *n.m.* Upper
  management
alvo, *n.m.* Target
apesar de, *prep.* In spite of
apostar, *v.* To bet
assessoria, *n.f.* Consulting
assunto, *n.m.* Subject
atingir, *v.* To reach
avaliar, *v.* To evaluate
bagunça, *n.f.* Mess
balcão de venda, *n.m.* Sales
  counter
barraca, *n.f.* Booth, stand
bater, *v.* To hit
brigar, *v.* To argue
brincar, *v.* To joke
brinde, *n.m.* Free prize, gift
casa matriz, *n.f.* Home office,
  headquarters
chateado, ficar, *v.* To be upset
compartilhar, *v.* To share
concorrer, *v.* To compete

conselho, *n.m.* Advice
consertar, *v.* To repair
contra partida, *n.f.* Compensation
contratar, *v.* To hire
contrato de salvaguarda, *n.m.*
  Short-term hedge
cumprir, *v.* To fulfill
dados, *n.m.pl.* Data
demorar, *v.* To delay
deparar-se, *v.* To notice
desenvolver, *v.* To develop
despedir, *v.* To fire
despesa, *n.f.* Expense
dica, *n.f.* Hint
dirigir, *v.* To direct
disposto, *adj.* Available, willing
dívida, *n.f.* Debt
driblar, *v.* To get around
  (something)
elogiar, *v.* To praise
embalagem, *n.f.* Packaging
embora, *conj.* Although/even
  though
empresa média, *n.f.* Medium-size
  firm
encaixar, *v.* To fit
encher a tabela, *v.* To fill out the
  form
enfrentar, *v.* To confront

engraçado, *adj.* Funny

enquanto, *conj.* While

entregar, *v.* To turn in, deliver

equipe, *n.f.* Team

esclarecer, *v.* To clarify

espalhar, *v.* To spread out

espantar, *v.* To frighten

esperto, *adj.* Clever

esquisito, *adj.* Strange

estrada, *n.f.* Highway

evitar, *v.* To avoid

faixa, *n.f.* Pocket

falhar, *v.* To fail

faturamento, *n.m.* Revenue

feira de negócios, *n.f.* Trade
show

ficar firme, *v.* To be adamant

filial, *n.f.* Branch

fingir, *v.* To pretend

fornecedor, *n.m.* Supplier

fraco, *adj.* Weak

freguês, *n.m.* Customer

gerente, *n.m/f.* Manager

gôndola em pontos de venda, *n.f.*
Point-of-sale display

idade certa, *n.f.* Legal age

incumbido, *adj.* Integrated

jeito, *n.m.* Way of doing
something

juros, *n.m.pl.* Interest

lidar, *v.* To manage, deal with

longo prazo, *n.m.* Long term

lotacão, *n.m.* Bus service

lucro, *n.m.* Profit

manchete, *n.f.* Headline

medida, *n.f.* Measure

meio termo, *n.f.* Middle ground

míope, *adj.* Short-sighted

orçamento, *m.f.* Budget

padrão, *n.m.* Standard, format

participação de lucros, *n.m.* Profit
sharing

peça, *n.f.* Part

perigoso, *adj.* Dangerous

piada, *n.f.* Joke

planejar, *v.* To plan

planilha, *n.f.* Spreadsheet

poder aquisitivo, *n.m.* Buying
power

porãozinho, *n.m.* Savings

poupar, *v.* To save

preconceito, *n.m.* Stereotype,
prejudice

prejudicar, *v.* To hinder

prejuízo, *n.m.* Harm, damage

quer dizer, *v.* To imply

realçar, *v.* To highlight

receio, *n.m.* Hesitation

receita, *n.f.* Revenue

recolher, *v.* To collect

recusar, *v.* To refuse

relatório, *n.m.* Report

renda, *n.m.* Profit

render, *v.* To produce, give

rendimento, *n.m.* Income

rentável, *adj.* Profitable

ressaltar, *v.* To mention

roupa provocativa, *n.f.* Skimpy
clothes

salientar, *v.* To stand out

salvaguarda, *n.f.* Hedge

sede, *n.f.* Location

sindicato, *n.m.* Union

sobrepujar, *v.* To overcome

sócio, *n.m.* Partner

surgir, *v.* To come up

terceirização, *n.f.* Outsourcing

terreno, *n.m.* Land, property

virar-se, *v.* To get around
(something)

Suggested Readings | Leituras sugeridas

General References | *Referências gerais*

Castor, Belmiro Valverde Jobim. (2000). *O Brasil não é para amadores: Estado, governo e burocracia na terra do jeitinho.* Curitiba, EBEL, IBQP-PR.

Gesteland, Richard R. (2001). *Cross-Cultural Business Behavior: Marketing, Negotiating and Managing across Cultures.* (2nd ed.). Handelsshojskolens Forlag: Copenhagen Business School Press.

Hampden-Turner, Charles, and Fons Trompenaars. (2000). *Building Cross-Cultural Competence.* New Haven: Yale University Press.

Hofstede, Geert H. (2001). *Culture's Consequences: Comparing Values, Behaviors, Institutions, and Organizations across Nations.* (2nd. ed.). Thousand Oaks, CA: Sage Publications.

Hofstede, Geert H., and Gert Jan Hofstede. (2005). *Cultures and Organizations: Software for the Mind.* (2nd. ed.). New York: McGraw-Hill.

Lewis, Richard D. (1999). *When Cultures Collide: Managing Successfully across Cultures.* London: Nicholas Brealey Publishing.

Matta, Roberto da. (1984). *O que faz o Brasil, Brazil?* (2nd ed.). Rio de Janeiro, Brasil: Editora Rocca.

Morrison, Terri, Wayne A. Douress, and Joseph J. Douress. (1997). *Dun & Bradstreet's Guide to Doing Business around the World.* Englewood Cliffs, NJ: Prentice Hall.

Motta, Fernando C. Prestes, and Miguel Caldas. (1997). *Cultura organizacional e cultura brasileira.* São Paulo: Editora Atlas.

Novinger, Tracy. (2004). *Communicating with Brazilians: When "Yes" Means "No."* Austin, TX: University of Texas Press.

Oliveira, Jacqueline. (2001). *Brazil: A Guide for Businesspeople.* Yarmouth, ME: Intercultural Press.

Page, Joseph A. (1995). *The Brazilians.* Reading, MA: Perseus Books.

Victor, David A. (1992). *International Business Communication*. New York: HarperCollins.

Wagley, Charles. (1971). *An Introduction to Brazil*. (Rev. ed.). New York: Columbia University Press.

Chapter Readings | *Leituras dos Capítulos*

1: THE PRESSURE'S ON

Gouvea, Raul. (2004). Brazil: A Strategic Approach. *Thunderbird International Business Review*, 46(2), 165–90.

Hofstede, Geert, & Hofstede, Gert Jan. (2004). *Cultures and Organizations, Software of the Mind: Intercultural Cooperation and Its Importance for Survival*. New York: McGraw-Hill.

Morrison, Terri, Conaway, Wayne, & Douress, Joseph. (1997). *Dun & Bradstreet's Guide to Doing Business around the World*. New Jersey: Prentice Hall.

Similar Companies and Other Websites
Companhias similares e outros websites

Associação Brasileira de Limpeza: http://www.abralimp.org.br
Goodyear: http://www.goodyear.com.br
Biz Trade Shows: http://www.biztradeshows.com

2: WORLD SHIP

Hofstede, Geert. (2003). *Culture's Consequences: Comparing Values, Behaviors, Institutions, and Organizations across Nations* (2nd ed.). Newbury Park, CA: Sage Publications.

Ogier, Thierry. (1999). Port's Labour Burden. *Business Latin America*, 34(49), 2.

O'Keefe, Hsu, & O'Keefe, William M. (2004). Business Behaviors in Brazil and the USA: Understanding the Gaps. *International Journal of Social Economics*, 31(5/6), 614–22.

Similar Companies and Other Websites
Companhias similares e outros websites

DHL: http://www.dhl.com.br
FedEx: http://www.fedex.com/br
United Parcel Service (UPS): http://www.ups.com/content/br/pt/index.jsx

3: BURGER WORLD

DaMatta, Roberto. (1984). *O que faz o Brasil, Brasil?* Rio de Janeiro, Brazil: Editora Rocca.

Hoecklin, Lisa. (1995). *Managing Cultural Differences: Strategies for Competitive Advantage.* New York: Addison Wesley.

Marketing Watch. (2000). *Business Latin America,* 35(35), 7–8.

Wagley, Charles. (1971). *An Introduction to Brazil.* New York: Columbia University Press.

Similar Companies and Other Websites
Companhias similares e outros websites

Associação Brasileira de Franchising: http://www.abf.com.br>
Bob's: http://www.bobs.com.br
Burgão: http://www.burgao.com
McDonald's: http://www.mcdonalds.com.br

4: ELECTRO WORLD

Ettorre, Barbara. (1998). A Business Case for Today's Brazil and Argentina. *Management Review,* 87(9), 10.

Nelson, Roy. (2000). Interview Brazil: Risks and Opportunities. *Thunderbird International Business Review,* 42(6), 677.

Sticking to Their Guns. (2002). *LatinFinance,* Supplement Issue (140), 21–24.

Similar Companies and Other Websites
Companhias similares e outros websites

Bosch Eletrodomésticos: http://www.boscheletrodometicos.com.br
General Electric: http://www.gedako.com.br
Multibras SA Eletrodomésticos: http://www.multibras.com.br
Phillips: http://www.phillips.com.br

5: PETRO FIBRAS

Dannemann, Robert N. (1966). Problems of Human Resources in Brazil. *International Labour Review,* 94(6), 570–90.

Ogier, Thierry. (1999). Port's Labour Burden. *Business Latin America,* 34(49), 2.

Similar Companies and Other Websites
Companhias similares e outros websites

Movimento Sindical: http://www.sindicato.com.br
Petrobras: http://www.petrobras.com.br
Texaco: http://www.texaco.com.br
Shell: http://www.shell.com.br

6: WORLD CAR

Manning, Tracey T. (2003). Leadership across Cultures: Attachment Style In-
fluences. *Journal of Leadership and Organizational Studies,* 9(3), 20–30.

Similar Companies and Other Websites
Companhias similares e outros websites

Audi Brasil: http://www.audi.com.br
Ford Motor Company: http://www.ford.com.br
General Motors Company: http://www.gmb.com.br
Toyota Brasil: http://www.toyota.com.br
Volkswagen do Brasil: http://www.vw.com.br

7: DONUT WORLD

Kedia, B. L., Ackerman, D. J., Bush, D. E., & Justis, R. T. (1994). Determi-
nants of Internationalization of Franchise Operations by US Franchisors.
International Marketing Review, 11(4), 56–68.
Cherto, Marcelo, & Rizzo, Marcus (Eds.). (1995). *Franchising na Prática.*
São Paulo, Brazil: Makron Books do Brasil Editora Ltda.

Similar Companies and Other Websites
Companhias similares e outros websites

Café do Ponto: http://www.cafedoponto.com.br
Doce Mania: http://www.docemania.com.br
Fran's Café: http://www.franscafe.com.br
Casa do Pão de Queijo: http://www.casadopaodequeijo.com.br

8: PIZZA WORLD

Fladmoe-Lindquist, Karin. (1996). International Franchising: Capabilities
and Development. *Journal of Business Venturing,* 11, 419–38.

Hopkins, David M. (1996). International Franchising: Standardization versus Adaptation to Cultural Differences. *Franchising Research: An International Journal,* 1(1), 15–24.

Similar Companies and Other Websites
Companhias similares e outros websites

Domino's Pizza: http://www.dominos.com.br
Mister Pizza: http://www.misterpizza.com.br
Pizza Hut: http://www.pizzahut.com.br
Pizzamille: http://www.pizzamille.com.br

9: WORLD AUTO PARTS

Anner, Mark. (2003). Industrial Structure, the State, and Ideology: Shaping Labor Transnationalism in the Brazilian Auto Industry. *Social Science History,* 27(4), 603–34.
M & A Fever Rages in Latin America. (1999). *Country Monitor,* 7(45), 1.

Similar Companies and Other Websites
Companhias similares e outros websites

Acácia Autopeças: http://www.acaciaauto.com.br
ANFAVEA: http://www.anfavea.com.br
Haldex do Brasil: http://www.haldex.com.br
Universo Off-Road: http://www.uor.com.br

10: ECO-AMUSEMENT WORLD

Freire, German. (2003). Tradition, Change, and Land Rights: Land Use and Territorial Strategies among the Piaroa. *Critique of Anthropology,* 23(4), 349–72.
Kyle, Steven, & Cunha, Aercio S. (1992). National Factor Markets and the Macroeconomic Context for Environmental Destruction in the Brazilian Amazon. *Development and Change,* 23(1), 7–33.
Rosenn, Keith S. (1984). Brazil's Legal Culture: The Jeito Revisited. *Florida International Law Journal,* 1(Fall), 1–43.
Rudel, Thomas K. (2002). Paths of Destruction and Regeneration: Globalization and Forests in the Tropics. *Rural Sociology,* 67(4), 622–36.

Similar Companies and Other Websites
Companhias similares e outros websites

Amazonia.org: http://www.amazonia.org
Amazônia: http://www.amazonia.org.br
Beto Carrero World: http://www.betocarrero.com.br
Bolsa Amazônia: http://www.bolsaamazonia.com

CPSIA information can be obtained at www.ICGtesting.com
227313LV00002B/21/P